图解服务的细节
124

ドン・キホーテだけが、なぜ強いのか

顾客主义
唐吉诃德的零售设计

［日］坂口孝则 著

智乐零售研习社 译

人民东方出版传媒
People's Oriental Publishing & Media
东方出版社
The Oriental Press

前言
盈利、销售额以及未来
唐吉诃德如此强大的理由

如果您认为"从唐吉诃德那里学不到什么",那么您最好立刻改变这个想法。

目前唐吉诃德的年客流量高达4亿人次。

2018年8月唐吉诃德控股公布的数据显示,该公司**连续29年实现营业收入和营业利润的双增长,整个集团则是连续22年保持增收增益**。这一成绩令人惊诧。

唐吉诃德距离实现"销售总额1兆日元"① 的目标只有一步之遥。这一巨大的数字令众多商务人士目瞪口呆,由衷地感叹:"那个唐吉诃德,真有这么厉害吗?!"

更令人不可思议的是,尽管2018年第三季度日本列岛受

---

① 唐吉诃德于2018年10月宣布将大型流通企业UNY收为全资子公司,集团的销售总额由此超过1兆6000亿日元。

恶劣天气影响自然灾害频发①，但是唐吉诃德的客流量和客单价依然实现了增长。

唐吉诃德的成长度也不容忽视。截至2022年12月，唐吉诃德在日本拥有610家店铺。新增店铺中包括与UNY联合冠名的店铺、海外新设店铺以及并购获得的店铺，"进攻型经营"战略可见一斑。

唐吉诃德销售总额在2022年6月达到1兆8000亿日元，连续30余年保持盈利增长②。

唐吉诃德还对低迷的日本消费市场发挥着牵引作用。该公司计划使销售总额中的入境外国游客消费额占比达到10%。目前一些店铺在特定的月份已实现了这一目标。

医药品和化妆品的销售势头良好，免税商品销售额达到568亿日元，连续45个月保持同比增长。

我关注的另外一点是唐吉诃德的净资产收益率（Return on Equity，简称ROE）。

净资产收益率是衡量股东资金使用效率的重要财务指标，

---

① 2018年7月，西日本地区遭遇强降雨，各地发生洪涝灾害。9月强台风在西日本登陆，暴风肆虐，破坏了大量房屋。
② 唐吉诃德发布的2021财务年度财报（截止于2022年6月）显示，销售总额为18312.8亿日元，比上财年增长7.2%；营业利润886.88亿日元，同比增长9.2%。

简单来说就是使用股东资金赚钱的效率。

我们来看唐吉诃德 2017 财年，净利润为 388 亿日元，除以股东资金总额 2913 亿日元，净资产收益率为 13.3%。与永旺的 2.15% 和 7&I 控股的 7.61% 相比，可以看出唐吉诃德的净资产收益率是如何的出类拔萃。

把 UNY 收为子公司后，唐吉诃德在日本零售业企业排行榜上的排名上升至第四位，仅次于永旺、7&I 控股和迅销。

唐吉诃德在这些零售业巨头当中实属另类。"另类存在"能攀登到如此高度，这本身就具有重大意义。我感觉在思考日本经济的未来时，唐吉诃德将会提供一条出路。

读者以为如何？

只看粗略罗列出的信息就把唐吉诃德当作"不入流的便宜店"，这就像把亚马逊视为"库存丰富的网购公司"一样肤浅，没有看到本质。

❖ 超市和便利店的唐吉诃德化

近来唐吉诃德积极与其他企业开展合作，似乎要把整个零售业都涂上"唐流"色彩。

以全家便利店为例，开设了采用唐吉诃德式管理经验的店铺。在便利店的销售额中，食品销售额通常占比很大。为了提升店铺吸引力，全家着力铺开日用杂货，这是唐吉诃德最擅长的，希望以此吸引年轻顾客。这些店铺的唐吉诃德化相当彻底，大半商品都被更换为唐吉诃德的东西。店内采用唐吉诃德特有的超高货架，商品摆得满满当当，尽可能地占据店内空间。唐吉诃德以前曾有意开设自己的便利店，如今则选择了与大型便利店企业联手合作。

依赖唐吉诃德的不只是便利店。UNY公司也一样。旗下的APiTA超市等实施了唐吉诃德式的改革，东海地区[①]的店铺面目一新，冠名为"MEGA唐吉诃德UNY"。UNY的员工还接受培训，学习唐吉诃德的店铺建设和管理方法。

冠名"MEGA唐吉诃德UNY"的店铺业绩良好。虽然店铺翻新耗费了成本，但金额少于开设新店。尽管食品的利润较少，但把非食品类商品赚取的利润用于食品开发，可提高商品的魅力。

一些店铺把地下楼层设为食品卖场，地上楼层销售杂货，并延长了营业时间。店铺从只能购买食品升级为还可以购买日用品，进而演化成带有娱乐性质的场所。**对于志在发展重视体验和**

[①] 日本的东海地区位于本州中部，由爱知、岐阜、三重、静冈四县组成。

前言｜盈利、销售额以及未来唐吉诃德如此强大的理由

服务的事物消费的当代零售业而言，唐吉诃德似乎是一个答案。

各大零售企业与唐吉诃德合作取得了什么效果？以UNY与唐吉诃德联手后发生的变化为例，6家转型店铺的销售额从56亿日元升至109亿日元，日均客流量也从1.9万人次增加到3.3万人次。

商品构成也发生了变化。服装、食品和家居用品的占比原本分别为14.4%、67.6%和18%，食品占据压倒性比例。与唐吉诃德合作后，食品的占比降至57.7%，服装降至7.3%，家居用品则大幅增至35%。家居用品中包括日用杂货、家庭电器、休闲娱乐用品，等等。

把毛利率低却能集客的食品与毛利率高的家居用品巧妙结合，这可谓是唐吉诃德流。后面我们会细说。把家居用品赚取的利润投入到食品开发中，进一步提高商品力，这就是唐吉诃德成功的方程式。

被唐吉诃德称为"无懈可击的MD[①]"的唐吉诃德与全家的双品牌店铺也极具特色。人们在店铺里能看到装满了商品的透明圆筒。这种圆筒曾用于大量装纳杰士派（GATSBY）湿纸巾，因而被称为"杰士派筒"。

位于东京目黑区的一家双品牌店铺完全采用唐吉诃德流管

---

① MD是英文Merchandising的缩写，即商品营销规划。

理方式。这家店铺没有工作手册，从一线出发，在彻底考虑顾客需求的基础上下单采购。**把采购权限下放到一线，这也是唐吉诃德的特色之一。**换句话说，唐吉诃德虽然是连锁店，但仍保留着单店经营的特征。

❖ 彻底的唐吉诃德流

  东京目黑区的这家"全家×唐吉诃德"大岛神社前店到底发生了怎样的变化？关于店内运用的各式各样的技巧，将在正文中详细说明。这里只做简单介绍。

  首先令人惊讶的是店铺入口处用纸箱大量陈列着零食糖果。这种陈列方式与附近的几家普通全家便利店明显不同。或许是因为距离公寓楼集中的住宅区较近，这种陈列方式足以吸引儿童。我在考察该店时也看到有儿童甩开母亲走进店里。

  店内随处可见唐吉诃德式的POP海报。海报使用与唐吉诃德店铺同样的字体，写着"全家推荐品"。大瓶矿泉水放在拆开的包装纸箱内特价销售。其他便利店也销售500毫升的常温矿泉水，但我几乎没见过别的店铺特价销售2升装矿泉水。

  进店后印象最深的是货架高度。唐吉诃德采用的是在货架上大量陈列商品的"压缩陈列法"。在此基础上又使用了超高货架。附近的罗森便利店使用的是普通规格货架，其高度相当于男性的身高，符合便利店的基本标准。而在这家"全家×唐吉诃德"便利店，一些商品的陈列位置之高需要男性伸手才勉强够得着。

店内使用平板电脑反复播放脱毛剂的广告。通过视频让顾客直观地了解如何使用商品，这也是唐吉诃德各家店铺的常用办法。

除了使用压缩陈列把无数商品进行对比展示外，这家便利店还给顾客营造出了一种寻宝的氛围。虽然在货架数量和灯光照明等方面还比不上唐吉诃德的店铺，但这家便利店贯彻了唐吉诃德的经营方法。

店内的通道上也摆放着纸箱。这就是能在超市看到的"障碍陈列"。在通道中央堆放陈列商品，阻碍顾客前行，以此增加商品售出的机会。店内还随处设有"杰士派筒"。当发现大量的鼻毛剪时，我不由得失笑。从没见过有哪家便利店会着重陈列这一商品。

店内的收银台也体现出了创意。在其他便利店，收银台的旁边一般销售肉包和可乐饼等熟食，而这家店的收银台前陈列着引诱顾客"顺便购买"的商品。

"顺便购买"对零售店而言很重要。便利店的客单价为

7

图 普通便利店的收银台

图 全家×唐吉诃德便利店的收银台

500—600日元。顾客顺便买一个100日元的零食糖果就能把客单价提高20%。相比于吸引新的顾客，提高店内顾客的消费额更有效率。

在"全家×唐吉诃德"便利店，收银机下的空间也被用于陈列商品，对前来付账的顾客进行最后的宣传。收银台前主推"顺便购买"的小货架的下方也被有效利用，陈列酒水类商品。这样的安排体现出了压缩陈列的精髓。

尽管商品陈列做到了这个地步，依然有顾客在付账时不会顺便购买商品，收银台前商品的销售额与普通便利店相比只多出几个百分点。我认为，**这几个百分点也是重要的**。最终的利润额不过占销售额的几个百分点。而能把销售额提高几个百分点就很不错了。唐吉诃德正是凭借在这些方面下的功夫才实现了连续增收增益。

❖ 向其他行业渗透的唐吉诃德主义

唐吉诃德的前身是名为"小偷市场"的杂货店。第一家唐吉诃德店铺府中店诞生于1989年3月。1998年唐吉诃德在东京证券交易所的第二板上市，2000年转到主板上市。从开设第一家店铺到主板上市，唐吉诃德仅用了11年时间。

着眼于开拓海外市场，唐吉诃德于 2006 年 2 月成立了美国子公司。在我看来，2007 年收购长崎屋①成为唐吉诃德吸引广大消费者，扩大业务的契机。这一举措使唐吉诃德获得了综合超市业务，为将来开设 MEGA 唐吉诃德②埋下了伏笔。

2009 年，唐吉诃德开始销售自有品牌商品"热情价格"。可在唐吉诃德店铺使用，现在为众多顾客所拥有的电子购物卡"majica"于 2014 年推出。2015 年，唐吉诃德集团旗下店铺数量突破 300 家。2017 年，唐吉诃德宣布与 UNY 全家控股公司建立业务合作关系。

长期以来被消费者和传统零售商视为不入流的唐吉诃德正在持续快速发展。在我撰写本书时，唐吉诃德控股的市值已与 UNY 全家控股不相上下。

目前各厂商和零售企业甚至可以说是处于依赖唐吉诃德的状态。爱丽思欧雅玛③和郡是④等一流生产商已开始生产唐吉

---

① 长崎屋是主要经营服装的超市连锁店，总部位于日本东京都目黑区，2007 年成为唐吉诃德的子公司。

② MEGA 唐吉诃德是唐吉诃德旗下的综合折扣超市，其特征是店内通道宽广，以家庭和老年人为主要目标顾客。

③ 爱丽思欧雅玛（Iris Ohyama）是生活用品和家电的设计制造销售公司，总部位于日本宫崎县仙台市，在中国大连市设有工厂。

④ 郡是（KUNZE）是创立于 1896 年的日本服装生产商，总部位于日本大阪市，早在 1981 年就与中国济南针织厂合作生产内衣，目前在中国设有多家子公司。

词德自有品牌"热情价格"的商品。预计将有更多厂家加入到供应商的行列。UNY 的众多店铺今后也将推进业务转型。

以上所述只是帮助您了解唐吉诃德为何如此强大的预备知识。

在接下来的第一章中,我将说明唐吉诃德强大的七个关键点。

目 录
CONTENTS

第 1 章
解读唐吉诃德强大的 7 个关键点

1 压缩陈列 / 003

- 巧妙的压缩陈列 / 003
- 与其他店铺的差异 / 005
- 纵向陈列、横向陈列以及在死角上下功夫 / 006
- 唐吉诃德的圣地 / 008
- 压缩陈列之外的陈列方法 / 010
- 各式各样的商品陈列方法 / 011
- 巧妙的货架设置 / 013
- 快速的陈列更换 / 014
- 店铺设计及其方法 / 018

2 深夜营业 / 020

- 深夜的发现 / 020

- ❖ 夜市的先驱者 / 022
- ❖ 深夜特有的顾客 / 024
- ❖ 深夜营业可满足旅日外国游客的需求 / 026

3　入境旅游消费市场战略 / 028

- ❖ 入境旅游消费市场的成功源于踏实的努力 / 028
- ❖ 入境游客的特征 / 030
- ❖ 消费税免税制度的东风 / 033
- ❖ 面向外国人的商品种类丰富 / 035

4　对一线放权 / 036

- ❖ 放权经营 / 036
- ❖ 游戏化管理 / 037
- ❖ 店铺独自制作 POP 广告 / 039
- ❖ 彻底的放权与考评 / 043
- ❖ 允许试错的一线建设 / 045
- ❖ 责权匹配是非常重要的 / 046

5　自有品牌的力量 / 049

- ❖ 综合折扣超市特有的自主品牌力量 / 049
- ❖ 产品导向型与市场导向型 / 051
- ❖ 自有品牌（PB）为何能飞跃发展 / 053
- ❖ 捕捉消费者需求 / 056

目 录

6 **食品部门的优势** / 058
- 收购长崎屋形成增长力 / 058
- 重组过程中发现的方程式 / 059

7 **特异空间的展现力** / 063
- 巧妙展现购物场所 / 063
- 引导顾客走进特异空间 / 064
- 幽闭与封锁的梦幻国度 / 067
- 与供应商的协调 / 068
- 水族箱之谜 / 072
- 唐吉诃德为何无法模仿 / 073

第 2 章
唐吉诃德为何能连续增收增益资本与市场战略

1 **逆势而上的发端** / 079
- 创业的艰辛 / 079
- 从小偷市场到唐吉诃德 / 081
- 员工教育 / 082
- 否定连锁店 / 085

2 **从业务解读唐吉诃德的战略** / 089
- 勤于思考的能力 / 089

III

- ❖ 唐吉诃德的开店形态 / 091
- ❖ 彻底的顾客主义 / 094
- ❖ 诱发顺便购买的重要性 / 096
- ❖ 与铃木敏文的共同点 / 099
- ❖ 与官方的角逐 / 100

3 解读唐吉诃德如何赚钱 / 105
- ❖ 用非常规采购压缩成本 / 105
- ❖ 压缩陈列的成本评价 / 106
- ❖ 运营成本的比较 / 108
- ❖ 与其他零售业巨头的财报对比分析 / 109

4 用 4P 和 5F 分析法解读市场营销战略 / 113
- ❖ 市场营销的 4P / 113
- ❖ 5Forces 分析法 / 120
- ❖ 实现增收增益的因素 / 123

第 3 章
领跑零售业的唐吉诃德

1 什么是零售业 / 127
- ❖ 零售业的 5 个功能 / 127
- ❖ 零售业的现状 / 130

目 录

2 快速解读零售业的发展历程 / 134

- 连锁店的诞生 / 134
- 关键点①-1 大荣的飞跃发展 / 135
- 关键点①-2 追求社会主义的伟人中内功 / 137
- 关键点②-1 自助服务销售方式的发展 / 141
- 关键点②-2 科技的发展 / 143
- 关键点③-1 购物中心的诞生 / 146
- 关键点③-2 商城的重要性 / 149
- 关键点③-3 购物中心商业模式的变化 / 150

3 零售业的前途 / 152

- 新关键点① 全渠道化 / 152
- 新关键点②-1 从"物"的消费到"事"的消费 / 155
- 新关键点②-2 实体店购物与网购的区别使用 / 158
- 新关键点②-3 实体店独有的优势 / 160

4 唐吉诃德的差别化 / 162

- 差异化关键点①-1 iTunes 型或独立制作型 / 162
- 差别化关键点①-2 想要的商品应有尽有 / 164
- 差异化关键点② 奇妙的数字化战略 / 166
- 取得发展的关键点卖场的娱乐性 / 167

V

第 4 章
与其他零售巨头的对比

1 百货店的夕阳 / 175
  ❖ 百货店的诞生与意义 / 175
  ❖ 百货店的现状 / 177
2 超市的忧郁 / 181
3 便利店的极限 / 184
  ❖ 便利店的历史 / 184
  ❖ 便利店的现状与问题 / 185
  ❖ 便利店的未来 / 187
4 外资零售企业的优势 / 189

第 5 章
今后的唐吉诃德

1 着眼新型零售业 / 197
  ❖ 预测① 坚持销售娱乐体验而非商品的姿态 / 197
  ❖ 预测② 扩大日渐衰弱的家庭顾客群 / 199
  ❖ 预测③ 扩大订阅商业模式 / 199
2 唐吉诃德是否有死角 / 203

- ❖ 担忧① 库存风险 / 203
- ❖ 担忧②-1 应对数字化 / 205
- ❖ 担忧②-2 店员的机器人化 / 207
- ❖ 担忧②-3 人工智能的进化 / 208
- ❖ 担忧③ 顾客主义能否在扩张中渗透到员工中 / 209

后　　记 / 213
参考文献 / 221
译 后 感 / 227

第 1 章

解读唐吉诃德强大的 7个关键点

1 压缩陈列

❖ **巧妙的压缩陈列**

压缩陈列的意思就是大量地陈列商品。平均每坪①陈列约80种商品，以量取胜。以往唐吉诃德每坪陈列的商品数量更多，现在以上述商品数量为标准进行陈列，使得商品种类丰富多样。

只进店一次很难把所有陈列商品都看遍。让顾客产生再次来店的欲望，这可以说是压缩陈列的次要效果。这就好比去迪士尼乐园只逛一天无法玩遍全部游乐项目，需要重复前往。如果一个游乐园能让游客们在离去时说"下次还要来玩"，那它就是成功的。

举一个不恰当的例子。网站每天都在更新**"每天都在变化的事实"吸引着众多访问者**。这是因为人们本能地对变化的事物抱有兴趣。

---

① 坪是日本的面积单位，1 坪 = 3.30579 平方米。

您下次去零售店时，可以确认一下自己是否会朝着同一个方向走出十步以上的距离。在唐吉诃德的各家店铺，除了主通道外，顾客几乎不可能直行十步以上。造成这种现象的原因是通道并非笔直，店内器材的摆设导致通道曲折，而且故意采用占据通道的障碍陈列以延长顾客动线。

商品陈列的原则是便于浏览、拿取和挑选。唐吉诃德为了彰显与其他企业的不同，用货架等器材大量陈列当天的特选商品。但是从整体上看，唐吉诃德的商品陈列显得凌乱，根本谈不上便于浏览。此外，便于拿取这一点做得如何呢？在顾客伸手够不着的地方也大量陈列着商品，没有达到便于拿取的标准。

然而，压缩陈列却**具有寻宝般快乐的效果**。便于挑选这一点做得又如何呢？唐吉诃德的做法不是细致地展示每件商品，而是把众多商品同时展示出来，以此提高顾客的购买欲。

距离地面110厘米至140厘米的高度被称为黄金陈列区。在这个黄金范围内陈列商品最便于顾客浏览和触摸。距地面超过180厘米的陈列高度被认为不利于销售。唐吉诃德则对高度超过180厘米的位置巧妙地加以利用。为了增加顾客接触商品的时间，重要的是店内要做到"能使顾客看到远处的商品，但进入卖场后不容易走出去"。唐吉诃德**灵活地使用上层货架**

来陈列与展示商品,起到了吸引顾客进店的效果。

❖ 与其他店铺的差异

为了进行对比,让我们看看7-ELEVEn便利店和永旺旗下超市My Basket等知名零售店的商品陈列。

在这些店铺中,下层货架商品陈列的最低位置与顾客鞋面的高度相一致。食品饮料的最低陈列位置距离地面则有数十厘米。这一方面有货架自身限制的因素,更主要的是在鞋面高度位置陈列熟食和便当等商品会令顾客感到不适,对食品的卫生状况产生不安。毕竟人们在家里也不会把做好的饭菜放到地板上。

像这样,对于食品饮料,零售店难以违反人类的普遍心理去陈列商品。唐吉诃德的店铺也不例外,不会在地上陈列食品和饮料。对待非食品商品,唐吉诃德会在非常贴近地面的位置进行陈列,例如带有"挑战低价"POP广告的特价品,以及成箱批量购买的商品。这种做法也和其他零售店相似。

然而,上层货架的陈列又如何呢?在普通的零售店,货架最上层的商品陈列高度大致相当于成年男性的平均身高。

但在唐吉诃德的店铺中,货架的高度远远超出上述身高标准。大多数情况下,店铺的一层会陈列日用品。牙刷等商品的陈列高度需要顾客使用脚凳才能够得着。甚至有时货架顶层还摆放着库存商品。

零售店有"饰面"一说，意思就是使用大面积陈列同样的商品。唐吉诃德式的压缩陈列则是陈列各种商品，以商品种类的丰富程度压倒竞争对手。**横向乘以纵向，陈列出不可计数的商品。**

唐吉诃德店铺的另一个特征是吊挂陈列。从天花板垂吊绳索，在绳索上悬挂商品。在唐吉诃德，与商品相遇的形式非常多样化。

❖ 纵向陈列、横向陈列以及在死角上下功夫

商品陈列有纵向和横向两种方式。纵向陈列相同商品便于左右对比，与此相对，横向陈列相同商品便于上下对比。

进店观察后可以发现，唐吉诃德基本采用纵向陈列。商品的陈列以纵向为宜。这是因为除了读书以外，人们在看东西时视线一般是左右移动的[①]。上下移动视线需要伴随颈部动作，思考起来不方便。唐吉诃德采用的方式就是以纵向陈列为基

---

① 日本书籍和杂志的文字排版基本上是竖着排列，阅读习惯是从上往下读。

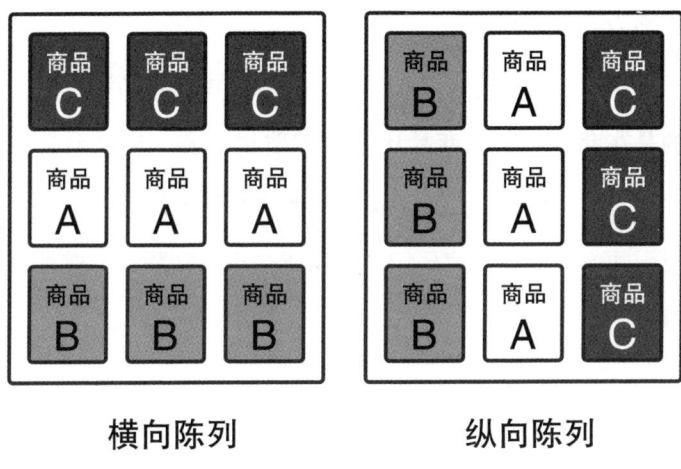

横向陈列　纵向陈列

示意图

础，通过压缩陈列展示众多商品。

这里要跑一下题。超市之所以低价销售咖喱块是为了把牛肉、洋葱和土豆等食材卖出去。咖喱块虽然不能带来多少盈利，但与食材一同销售可以赚取毛利润。这种销售方法叫作毛利率混合①。顾客在购买了咖喱块后会前往牛肉摊位，决定购买日本国产牛肉或进口牛肉。

用咖喱块引导顾客购买牛肉、洋葱和土豆等食材，这种销售方法也叫作商品关联。陈列多种品牌的牛肉以供顾客选择的

---

① 毛利率混合指的是把毛利率高的商品和毛利率低的商品巧妙搭配销售以求提高毛利润。用毛利率低的商品即亏损商品，突出低价来吸引顾客，引导顾客同时购买毛利率高的商品以确保利润。

做法称为商品比较。

零售店通过商品关联和商品比较来尽可能提高销售额。**重要的是在商品关联和商品比较之间取得平衡**。从这个观点来看，唐吉诃德的做法是通过商品比较进行压缩陈列，引流商品以吸引顾客，同时对家居用品和杂货进行关联陈列，谋求提高客单价。

❖ 唐吉诃德的圣地

压缩陈列和迷宫般的店铺打造已然成为唐吉诃德的代名词。不知道读者是否去过唐吉诃德的新宿歌舞伎町店。正是因为位于新宿歌舞伎町附近，这家店内摆满了毛绒玩具、角色扮演（Cosplay）用品、人物面具等娱乐商品。店门口不知何故设置了大鼓，写着"Let's play"的标语在召唤路人拿起鼓槌敲鼓尽兴。吸引过往行人眼球的商品被称为磁石商品。店门口的敲鼓体验发挥着磁石商品的作用。这家店铺真可谓是压缩陈列的典范。

店内一层无须多言，二层、三层、四层、五层……每层迷宫般的布局几乎让人找不到入口。顾客在不知不觉中被成人用品包围，而后又不知不觉地置身于家电产品之中。

顾客动线并非越长越好。然而，**动线越长，顾客逗留的时间必然就越久，接触的商品就越多**。更值得一提的是，大多数顾客是享受购物过程的外国人。

令顾客沉迷的不仅仅是唐吉诃德在硬件上的创意。在某家店铺内，我听到节奏轻快的"叮叮"声。好奇地循着声音前行，我发现空调机前装饰着风铃。风铃不应该由自然风吹动吗？这幅画面令我在忍俊不禁的同时心怀感佩。空调机的下方陈列着夏季商品。带着一丝未能充分体验夏日风情的不甘，我购买了几件商品后离去。

唐吉诃德的店铺内随处设置了小型 DVD 播放机，播放众多商品宣传广告视频，向顾客介绍厨具等商品的实际使用情况。由于广告视频的效果相当显著，预计唐吉诃德今后将把 DVD 播放机更换成自主品牌的平板终端。**消费者购买的并非商品，而是使用商品后产生的效果**。因此，能简单明了地介绍商品效果的视频会得到进一步的应用。

在唐吉诃德的许多店铺，上楼时使用自动扶梯，下楼时则必须使用电梯或楼梯。楼梯也得到了有效利用，展示着许多商品。仔细观察后可以发现，虽然人数不多，但每一百个走楼梯的顾客中总会有几人拿取展示商品。这些商品很可能就是顾客在逛店时漏买的。不要小看这百分之几的顾客。与无所作为相比，积少成多能拉开惊人的销售额差距。

利用楼梯展示商品，不管是家电量贩店还是百货店本应都能马上采取这一措施。然而为什么不见有企业付诸行动？由此也可看出唐吉诃德对销售商品倾注的热情。此外，在新宿和六本木①的唐吉诃德店铺内，楼梯上张贴的牛郎夜店风格海报也颇为俏皮。

❖ 压缩陈列之外的陈列方法

以压缩陈列而声名鹊起的唐吉诃德在其他陈列智巧上亦是可圈可点。例如从卖场入口向里望去，近处的货架较低，不会阻挡视线，顾客可以看到远处陈列的引流商品。顾客走入卖场深处，购买的商品数量随着停留时间的延长而增加。通道设计较多采用曲线也是出于同样的理由。

把顾客想要购买的商品安排在卖场的最深处。这是商品陈列的基本原则。这样安排是为了拉长动线，延长顾客的停留时间，增加顾客接触商品的机会，以期提高销售额。

唐吉诃德旗下的所有店铺都采用上述陈列方式。生活必需品不在一个楼层集中陈列，而是把食品卖场设在二层或地下一

---

① 东京的新宿和六本木都是夜店集中的地区。

层，延长顾客在整个楼宇内的动线。此外，面向外国游客的高价商品卖场设在最高层，儿童玩具卖场设在较高层，引导顾客在经过各层时停留。唐吉诃德把高诉求性商品列为"给力范畴品"并巧妙地加以配置。这种做法值得借鉴。

尽管在陈列上下了大功夫，但依然存在死角。简单来说，被放置在死角的是那些顾客不惮于麻烦店员也要购买的商品。这些是顾客专门来店购买的商品，偶然碰到并购买的可能性很小。宠物食品就是其中的一例。宠物食品不属于能诱发购买冲动的商品。顾客偶然发现宠物食品后应该不会想着："买回去给狗尝尝。"木炭也是一样。顾客看到木炭时不会联想到一会儿要去烧烤。

成人用品当然是被有意识地放置在死角，这是因为避免让顾客不小心撞见后产生不愉快的心情，也是因为男顾客或情侣顾客在挑选成人用品时不愿意被旁人看到。

❖ 各式各样的商品陈列方法

各个楼层的货架高度当然会根据顾客的年龄段作出调整。手办商品分为数层陈列，方便带孩子的顾客选购。父母怀中的小孩子被放到地上后能够抓取低层的手办。当然名牌商品旁边陈列有毛利率高的特价自有品牌商品，以供顾客进行比较。

唐吉诃德商品陈列的巧妙之处还在于对拐角的利用。以左拐为例，顾客最先看到的是★标货架，这里陈列着畅销和受关注的商品。反过来说，正是因为★标货架商品映入顾客的眼帘，所以顾客才向左拐。

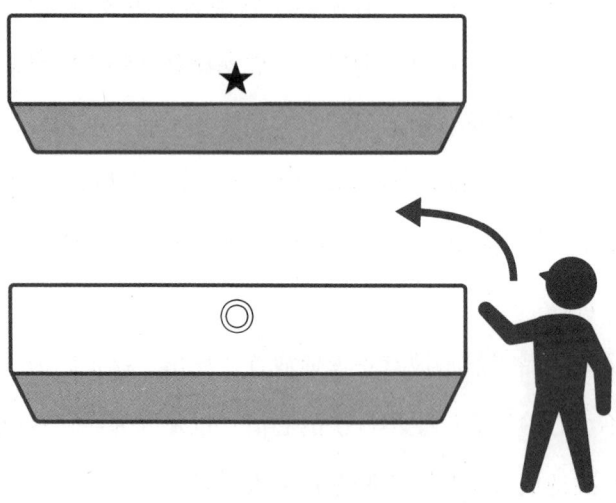

★标货架的对面是◎标货架。◎标货架为被★标货架吸引而来的顾客提供了其他选项，陈列了替代性商品。如此安排可立体地展示商品。唐吉诃德是有意识地还是基于经验无意识地采用这种陈列方式，我无法断言。不可否认的是，唐吉诃德**在进行商品陈列时并非浑浑噩噩，而是始终考虑到了顾客的立场**。

在同一个货架上，陈列在右侧的商品更容易卖出去。其原因被认为是顾客中习惯用右手的人居多，而且人的视线移动最终会停留在右侧。在唐吉诃德的店铺，虽然不是百分之百，但货架的右侧通常陈列着推荐商品，货架左侧则陈列着替代性商品。以右为贵的陈列方式还可以用于把顾客的注意力从基本款商品吸引到高端商品。

有意思的是，陈列在右侧的推荐商品不一定是高价商品。在右侧陈列高毛利率商品原本是一条铁律。唐吉诃德店铺内不少货架遵循了这一原则。然而，还存在着货架的中间位置陈列高价商品，右侧陈列常规商品的情况。更值得一提的是，商品陈列方式因店铺而异。关于唐吉诃德的商品陈列方式，有待进一步研究。

❖ 巧妙的货架设置

通过观察唐吉诃德的店铺，我还得到了另一个有趣的发现，货架设置本身大有学问。通常情况下，货架与货架是平行设置的（图1-1）。而在唐吉诃德，如图1-2所示，纵向设置的两排货架形成了夹角。如此设置可拓宽顾客的前行方向，并扩大视野，使顾客能看到横向设置的货架上的商品。通过这样的货架设置可**增加商品被顾客发现的机会，诱发顾客产生"顺便购买"的念头**。

在有的店铺还可以看到更有意思的货架设置。假设有三排横向货架，通常情况下如图1-3那样设置。唐吉诃德采取的则是图1-4的设置方式。

示意图略为极端，实际上纵向货架与横向货架的夹角并没有如此明显。图中的圆圈就是之前介绍过的"杰士派筒"。这种设置方式可以使顾客由远及近，广泛地看到跟前的货架、简易货架和商品。

（译者注：示意图中的日文"棚"＝货架）

❖ 快速的陈列更换

卖场的原则是销售能卖得出去的商品。这是理所当然的。然而这一原则并没有得到很好的实践。例如最畅销的商品、毛利率最高的商品被放置在顾客不容易发现的地方，几乎卖不动的商品却一直占据着卖场。

想要使店铺赚钱，就需要努力销售能卖得出去的商品。在很多情况下，去年没有卖出去的商品今年也卖不出去，去年卖得出去的商品今年也能卖出去。必须把畅销商品当作主力商品

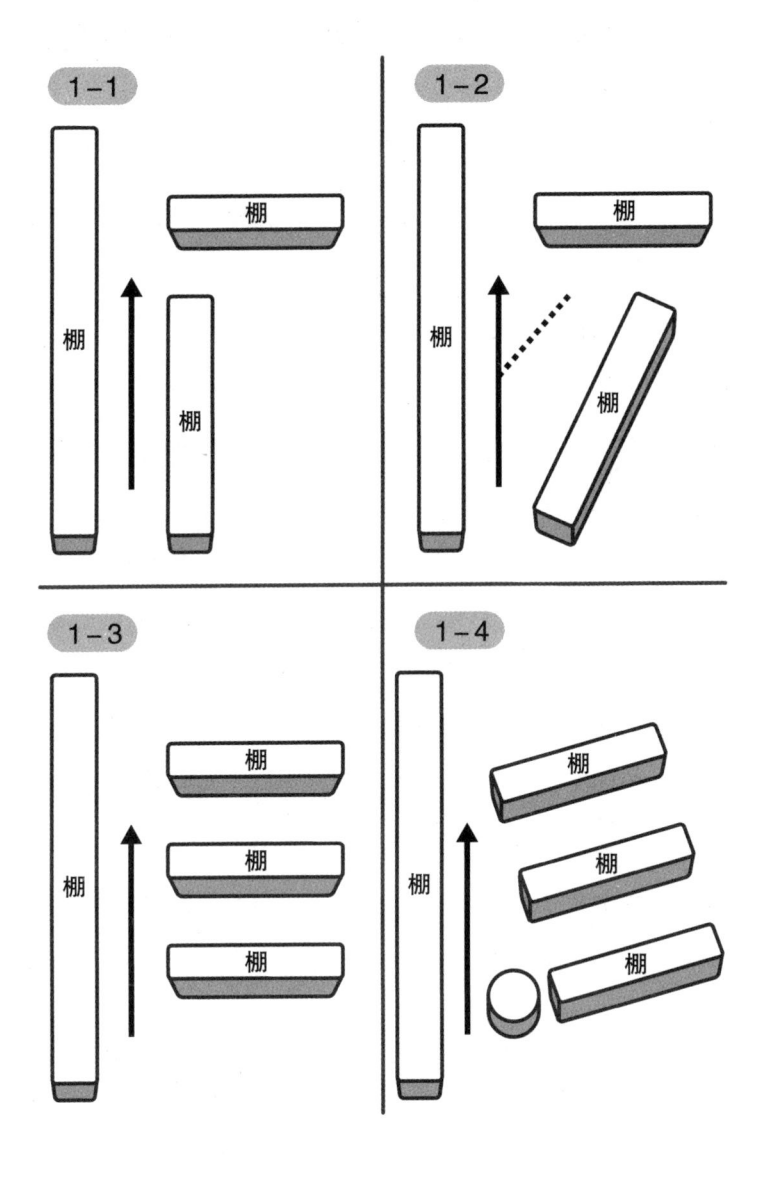

第 1 章 | 解读唐吉诃德强大的 7 个关键点

1-1

棚

棚

棚

1-2

棚

棚

棚

1-3

棚

棚

棚

棚

1-4

棚

棚

棚

棚

015

陈列在卖场最显眼的地方。

通常情况下会有中期的货架分配计划,确定在什么场所陈列什么商品。要陈列的主要是这一期间最想要销售的商品。

唐吉诃德当然也不例外地大量陈列想要销售的商品。与众不同的是商品陈列并非以中期为单位进行更换,而是每天都有变化。唐吉诃德没有固定的基本款商品,通常在上新顾客想要的商品上下功夫。唐吉诃德不把满足生产厂商和批发商的愿望视为最优先事项,而是通过快速的更换商品陈列打造顾客每天都想去的卖场。

媒体评论家马歇尔·麦克卢汉[1]说过:"媒体即讯息。"媒体方面自认为对新闻进行了客观报道。但是在选择题材的那一刻,媒体已经表明了立场。

零售店也是一样。可以说在采购、陈列商品的那一瞬间已然向顾客发出了讯息。店铺通过大量陈列同一种商品即形成饰面,在黄金区间陈列商品或大量采购某一特定领域的商品向顾客做出推荐。在选择甚多的当今时代,被信息过剩包围着的消费者在选择商品时难以做出判断。顾客如果对推荐的商品满

---

[1] 马歇尔·麦克卢汉(Marshall Mcluhan,1911—1980)是 20 世纪媒体理论家和思想家,加拿大人。他在对传播的研究中进行了独特的探索,试图从艺术的角度来解释媒体本身,而不是用实证的方式来得出结论。在这种艺术的探索中,麦克卢汉得出了著名结论"媒介即讯息""媒介是人体的延伸"。

意，日后就有可能成为店铺的粉丝。如果推荐的商品给顾客造成不良印象，那么店铺将失去顾客。

商品在被店铺采购的那一刻就成了讯息。在顾客看来，店铺大量采购的商品就是畅销商品。实际上也是如此。顾客还认为用大字体标出价格的商品是店铺看好的商品。这也与实际相符。相反，不显眼的商品对顾客而言就是不存在的商品。唐吉诃德有意思的地方是一方面用引流商品吸引顾客，另一方面并没有减少其他商品被顾客选择的机会。虽说选择越多就越难做出判断，但唐吉诃德在对引流商品进行展示的同时使其融于其他无数商品之中，给顾客带来了购物的乐趣。

必须经常向顾客提供新商品，这是采购的难点。与此同时还存在另一种情况。坚持不懈地陈列某款商品，超出临界点后会爆发性地畅销。消费者的心理因素造成了这种现象。某款商品渐渐地被卖出去，消费者在看到其他人拥有后便产生了购买的欲望。

如果跟风赶时髦，再次大量采购同款商品，摆上货架后有可能风头已过，造成大量的库存积压。因此，有必要看准时机，判断追赶流行的限度以及在什么情况下放弃跟风，致力于营造下一波流行趋势。在坚持顾客主义的同时，必须积极地不断思考向顾客推荐什么商品。

为此，唐吉诃德有效地利用了外部的力量，采用了"货架服务供应商"（Rack Jobber）制度。货架服务供应商就是受委托管理店铺货架的供应商。相对于商品供应商，货架服务供应商的工作涉及商品的陈列和销售方式。

简单来说，货架服务供应商与唐吉诃德的员工一同开展货架商品更换作业。像唐吉诃德这样不单凭自身，借助外部力量的做法是打造有魅力的店铺所不可或缺的。

唐吉诃德通过与各类供应商建立紧密的合作关系而发挥了独创性。日本的零售行业几乎不利用货架服务供应商，而唐吉诃德则与货架服务供应商携手扩充了压缩陈列等措施。

在开设新店铺时，货架服务供应商为了推销自家商品而不遗余力地思考货架设计和设置。从某种意义上讲，唐吉诃德开设新店也为其供应商创造了宝贵的销售机会。

❖ 店铺设计及其方法

从消费者的角度来看，唐吉诃德的店铺设计也很有意思。唐吉诃德的一些店铺提供餐饮服务，例如入驻其中的章鱼小丸子店和提供冰激凌的咖啡店等。

这些餐饮店设在从地下一层到一层和从一层到二层的自动

扶梯出口附近。如此设计也是为了让顾客稍作休息。之前已提到过唐吉诃德采取相应措施延长顾客动线。动线延长有可能造成顾客疲劳。因此就需要让顾客在疲劳后得到休息恢复体力。譬如，开市客（Costco）① 在购物路线的终点处设有餐饮店。宜家（IKEA）② 把餐厅设在了购物路线的中间位置。

对在不同场所设置餐饮店的目的加以分析，就可以弄清楚不同店铺的差别，这应该挺有意思。

有的顾客并不喜欢唐吉诃德式的店铺。为照顾这些顾客，东京涩谷的 MEGA 唐吉诃德开设了只能前往地下一层低价食品超市的入口。

---

① 开市客（Costco）是美国最大的连锁会员制仓储量贩店，1976 年创立于加利福尼亚州圣迭戈，致力于以可能的最低价格向会员提供高质量的品牌商品。

② 宜家（IKEA）是全球最大的家具量贩店，1943 年创立于瑞典。

2 深夜营业

❖ 深夜的发现

唐吉诃德的创始人安田隆夫董事长曾说过，流通行业从业者**必须有"价格""商品""时间""快乐"这四个基轴**。百货店不符合任何一个基轴的要求，便利店则只符合"时间"的要求。由于便利店从货架设计到商品、价格，都由总部统一决策，所以贴近一线的改进措施在总部得不到反映。

实际上便利店一直在尝试采取贴近一线的改进措施，实施符合当地特色的采购。另一方面，最初支持唐吉诃德的是那些厌倦了居酒屋和卡拉OK，喜欢到唐吉诃德店铺打发时间的顾客。唐吉诃德有意识地在深夜销售一些没必要深夜前往购买的商品，结果吸引了大量顾客纷至沓来，甚至引发了周边居民的抗议。

安田董事长认为购物必须是一项娱乐，就像在银座散步逛街的人群中有着潜在顾客一样，"逛店人"的存在是唐吉诃德的一个强项。夜市是留给唐吉诃德的最后一个金矿。有顾客偶然在唐吉诃德进行卸货的深夜时段进店。受此启发，唐吉诃德便产生了深夜营业的想法并一发不可收拾。

在上一节关于商品陈列的介绍中，我或许给读者造成了唐吉诃德已经用尽所有智巧的印象。然而，唐吉诃德从不会一条道走到黑。例如有的店铺会把最具诉求力的低价商品陈列在货架下方不显眼的位置。这么做是为了给顾客营造出寻宝的感觉。

那些饮酒后到唐吉诃德寻宝的人，从某种程度上来说是上了瘾。我的朋友就曾在醉酒的状态下前往唐吉诃德。他出来后兴奋地告知我，店里在卖撒尿小童①造型的饮水机。我虽然不能理解这种兴奋，但能切实感受到朋友的快乐。

安田董事长曾在书中写道："或许是因为深夜进店的基本上都是喝了酒的顾客。即便是垃圾山一般的商品，他们也觉得有趣，愿意掏钱购买。"我在读到这一段时会心一笑。

人会对不明所以的奇怪事物产生兴趣。在唐吉诃德逛店简直就像是在探险。**购物行为的本质无疑在于消遣性和娱乐性**。按照这个思路，唐吉诃德销售的不是商品本身，而是购买商品

---

① 撒尿小童：Manneken Pis，又称小于连、尿尿小孩，其雕像是比利时首都布鲁塞尔的市标，有着近四百年的历史。

的体验。从"物"消费向"事"的消费转型的说法现在甚嚣尘上。唐吉诃德就是这一转型的先行者。

7-ELEVEn便利店原本正如其店名，早上7点开门营业，夜间11点打烊。"小偷市场"则是24小时营业。如今众所周知，7-ELEVEn便利店和唐吉诃德的部分店铺已改成24小时营业。7-ELEVEn便利店深夜营业的原因之一是需要在深夜采购。两家具有代表性的日本零售企业均把深夜营业作为一大业务支柱，这一点不容忽视。

❖ 夜市的先驱者

RIZAP集团①的子公司Jeans Mate②之所以在1998年开始24小时营业也是因为看到了夜市的潜力。当时的社长西胁健司因公司业绩不良而正在探索新的业务。员工抛售所持有的股份，导致股价下跌，Jeans Mate出现亏损。深受冲击的西胁社长必须为开展新业务寻找出路。

一次在涩谷通宵饮酒后，西胁社长在搭乘清晨的首班车时

---

① RIZAP集团是日本生产健康食品和减肥食品的控股公司，2003年创立于东京中野区。
② Jeans Mate是以销售牛仔衣裤为主的服装连锁店，创立于1987年，2017年成为RIZAP集团的子公司。

意外地发现街头有大量的年轻人。这一发现让他感到单靠白天营业无法吸收如此众多的潜在顾客。西胁社长还多次前往唐吉诃德调研，最终开始了深夜营业。这个事例在业内非常有名。

当西胁社长提出要开展深夜营业时，公司员工们并不赞同。为了证明夜市的可行性，他亲赴涩谷店主持运营。

Jeans Mate 开始深夜营业后，西胁社长发现包括人工费在内的成本并未显著增加。另一方面，客流量之多出乎意料。夜市成为支撑该公司取得成功的一大要素。

如今想来深夜营业是理所当然的，但在当时这是一个重大创举。深夜雇用兼职工，再加上水电等费用，计算出总成本。假设每小时的成本为 10000 日元，如果毛利润在 10001 日元以上，就值得开展深夜营业。与深夜打烊相比，深夜营业能多赚出 1 日元的净利润。此外，深夜来店的顾客有可能日后在白天再次光顾本店。

深夜营业的思路在当时违反了常识，因为这会导致利润"率"下降。然而，深夜营业带来了利润"额"的上升。略作思考就可明白，**利润率只是比例，企业应该努力追求利润额的最大化**。与其 1 亿日元销售额，利润率 10%，盈利 1000 万日元，倒不如销售额 5 亿日元，利润率 5%，盈利 5000 万日元能赚取更多利润，还可以用于再投资。

在此，我要自我宣传一下。我撰写的书《利润舍"率"取"额"!》已由钻石社出版。书中阐述了企业当然应该追求利润额的理由。唐吉诃德近来在财务说明资料中表示不能单纯追求利润率，必须追求利润额。这莫非受到了我的影响？我对唐吉诃德的这一态度给予肯定。

❖ 深夜特有的顾客

在东京新宿等繁华街区，许多人的生活时间和工作时间不同于常人。我曾在六本木的配钥匙店听说过这样不可思议的事：有人曾进店要求打开手上的手铐。当然，提出要求的并非逃犯，而是有着特殊癖好的人。由于可以收取加急费，深夜营业对配钥匙店而言必不可少。

夜市并不特指深夜时段的营业。普通零售店 20 点或 21 点打烊后，下班的商务人士该如何购物？随着工作方式改革的推进，不少商务人士要工作到 21 点到 22 点。除了便利店，他们在工作日几乎没有其他地方可以购物。这些商务人士财力充沛，如果有能让他们动心的商品，他们会不由自主地购买。

当今的时代可谓是"非同步时代"，只要有一部电脑就能在任何地方工作。电子邮件发送人的时间与电子邮件接收人的时间相背离。人们的生活方式不仅限于朝九晚六。竞争对手较少的深夜时段的确可算是一个值得挖掘的金矿。

我有一个朋友是活动主办人。他主要在地方城市组织举办电子舞曲（EDM）和爵士乐的演出活动。

在星期几举办活动更能吸引观众？他的回答是星期日。在他看来，回答星期五的人是"和曾经的自己一样被先入为主的观念所束缚了的人"，或者是企业员工。实际上在星期日举办活动能吸引众多休息日为周一[①]的服务业从业人员。

除了星期一这个休息日外，服务业从业人员没有其他机会去放松娱乐。此外，在星期日举办活动能吸引来美容店和餐饮店的老板等高质量客户。这个例子告诉我们凡事不能想当然。

请允许我再说一些私事。因为家人拥有海外永久居留权，我对英语抱有兴趣。我工作繁忙，经常要工作到 22 点。没有哪家英语会话学习班在 22 点后还开课。因此，我利用时差，通过视频会议软件 Skype 向海外的教师学习英语。

我的导师曾说过："如果你感到不知所措，就在量和时间上进行差异化。"同样是售价 1000 日元的午餐，配菜量多得令人咋舌的那份当然会显得与众不同。与一张售价 10000 日元的

---

① 日本服务业从业人员的休息日通常是周一，所以他们一般会在周日下班后参加娱乐活动。

英语会话教学 DVD 相比，相同售价的 100 张 DVD 套装会获得压倒性的支持。量与时间的差异化在其他领域也适用。即便是同一行业内，**在竞争对手不营业的时段营业，仅凭这一点就能形成差异化**。

❖ 深夜营业可满足旅日外国游客的需求

夜市还具有应对外国游客需求的意义，对下一个关键点，即入境旅游消费市场战略亦有促成作用。

与日本人相比，来自亚洲其他地区游客的夜生活开始时间要晚四五个小时。日本的上班族 18 点开始吃晚饭，20 点或 21 点回家[①]。

在亚洲其他国家，白天温度高，人们的生活时间转移到傍晚以后，21 点才开始夜生活。在这个时段，旅日外国游客上街能去的场所只有居酒屋和便利店，夜生活的选择可谓很单调。从这个意义上讲，唐吉诃德能发挥不小的作用。

一些与夜市有关的数据很有意思。日本国内唐吉诃德店铺不同时段的客流量统计显示，17 点到 18 点是客流高峰。下午

---

① 日本有许多上班族习惯下班后与同事或上司在外面吃饭饮酒。他们一方面是为了社交应酬，另一方面也是为了暂时放松心情，忘却压力。

的客流量则保持平稳。相比之下，购买免税商品的外国游客的客流高峰出现在 22 点。可见外国游客在用完晚餐后仍会前去购物。

　　购买免税商品的外国游客可以算是高质量顾客，人均消费额是日本人的 4.6 倍。中国游客的人均消费额更是高达日本人的 6.3 倍。

3　入境旅游消费市场战略

❖ 入境旅游消费市场的成功源于踏实的努力

走进旅游景点附近的唐吉诃德店铺，人们会对店内广播语种的多样性感到惊讶。日语、英语自不必说，汉语、韩语乃至泰语也声声入耳。

外国游客购买的商品究竟是什么呢？通过观察可以发现，外国游客挑选的商品包括醒目且印有景点地名的点心或果冻，以及日本的扮装游戏①用的周边商品等等。

我在进一步观察后注意到，日本人购买的商品，外国游客也会购买。这可能是受到了社交网络的影响。虽说伴手礼不是为自己而买的，这些外国男女游客的确是在"消费日本"。

我曾向唐吉诃德的负责人提问为什么不生产、不采购有外

---

① 扮装游戏，即 Cosplay，是英文 Costume Play 的简写，指利用服装、饰品、道具、化妆来扮演动漫作品、游戏中以及古代人物的角色。

文标识的自有品牌商品。得到的回答是"外文标识商品反而卖不出去"。**外国游客进店是为了购买日本的商品**，如果标识是母语，当然提不起兴趣。

零售店依赖外国游客消费的状况从几年前便开始了。为了挖掘入境旅游消费市场需求，唐吉诃德也导入了集团旗下 Accretive 公司的"G_pay"，促进了外币支付系统的应用。在入境旅游消费市场增长放缓，外国游客从爆买高价商品转为选购日用品和化妆品之后，唐吉诃德依然能发挥其优势。

2017 年日本的外国游客数量超过了 2869 万人次。其中过半数游客曾到唐吉诃德购物。外国游客想必是把唐吉诃德视为一种日本文化而进行消费。2014 年日本施行新免税制度以来，免税对象商品大幅扩充。唐吉诃德每年都脚踏实地地开展宣传活动，毫不懈怠地推行多语种服务措施。2005 年唐吉诃德成立了安田奖学基金，为外国留学生就学提供支持。这些努力都不是一朝一夕就能开花结果的。

在唐吉诃德的入境旅游消费市场战略中，扩充面向外国游客的服务是由于中国游客强烈希望能用银联卡进行支付。持续努力地开展踏实稳妥的宣传推广，终于使得唐吉诃德成为众多外国游客耳熟能详的购物殿堂。

唐吉诃德不遗余力地向亚洲的旅行社推介自身拥有免税店

和支持银联卡支付的优势，并在业内率先推出了带有优惠性质的"YOKOSO 卡"①。外国游客使用该卡可在加盟店铺积攒积分和兑换现金。

YOKOSO 卡给予每一位持卡人一个 ID。通过这个 ID，唐吉诃德可以掌握哪国的游客于何时在哪家店铺购买了什么商品，进而了解持卡人在日本滞留期间去了哪里旅行并在旅行地的哪家唐吉诃德店铺购物的情况。收集到的大数据被用于打造新的卖场和制定新的商品企划。

❖ 入境游客的特征

来自哪个国家或地区的入境游客最多？来到唐吉诃德的游客数量及消费额排在前列的国家和地区分别是韩国、中国大陆和中国台湾等。

外国游客对日本的印象是制造业强国。说起日本，脑海中就会浮现出汽车和电器产品。但是，在唐吉诃德的畅销商品中绝大多数是日用杂货。排在其后的是手表和时尚服饰。这些商品有的是中国制造，这一现象非常有趣。

唐吉诃德销售额中的免税商品占比统计数据显示，外国游

---

① YOKOSO 在日语中的意思是"欢迎"。

客数量多的店铺理所当然地位居前列。排在前十的店铺和免税商品销售额占比如下：

1. 大阪道顿堀御堂筋店　　65.7%

2. 大阪道顿堀店　　　　　65.0%

3. 大阪难波千日前店　　　54.6%

4. 福冈中洲店　　　　　　51.7%

5. 冲绳国际通店　　　　　51.0%

6. 福冈天神本店　　　　　49.9%

7. 京都 AVANTI 店　　　　46.8%

8. 东京银座本馆　　　　　45.3%

9. 名古屋荣店　　　　　　41.1%

10. 东京新宿歌舞伎町店　　40.7%

这十家店铺均位于大城市，前三名更是被大阪的店铺瓜分。由此可以看出，与附近的餐饮、观光和娱乐设施相配套的唐吉诃德店铺成功地吸引了外国游客。

排在第二位的大阪道顿堀店位于心斋桥和戎桥附近，它们是有名的"搭讪圣地"。道顿堀店的外墙上建有大摩天轮，令人望之惊叹。店铺毗邻观光船经停的太左卫门桥码头，属于大阪的黄金地段。

大摩天轮号称"全球首个椭圆形摩天轮"，票价不是很贵，每人 600 日元。大摩天轮的入口附近贴有游客发布在推特上的照片，发挥着娱乐设施的功能。

店内陈列着很多面向外国游客的商品。我在前往该店前难以相信其销售额中有 60% 以上是外国游客贡献的。实际进店后发现，顾客几乎全是外国人。醒目位置陈列的都是受外国游客欢迎的商品。

我在店内看到透明的可口可乐，与透明的无酒精啤酒并排陈列。关于透明可乐的优点，一般被日本人解释为不会引起周围人的注意。而实际上外国人之所以喜欢透明的饮料是因为它不会使牙齿变黄。

从道顿堀店步行就可以走到排名第一位的道顿堀御堂筋店。该店在唐吉诃德的店铺中属于相对中规中矩的存在。然而为了接待外国游客，店内的 POP 广告使用了醒目的英文、韩文和中文。家电卖场内还张贴了各国电源插头规格对照表。

在一层的卖场，陈列着奇巧巧克力（KitKat）等可当作伴手礼的经典零食点心。成人用品区被写有"禁止不满 18 岁者进入"字样的布帘遮掩。我看到有误入其中的外国女游客红着脸走出来。场面颇为好笑。

店方同时还为博得日本顾客一笑付出了努力。乘坐自动扶梯上楼时，可以看到 POP 广告上写着"赤字觉悟"和"烤肉套餐",令人不得要领。把外国游客眼中的四字成语展现出来,其用意想来是为了搞笑。

❖ 消费税免税制度的东风

消费税免税制度带动了入境游客的增长。这一点不能忽视。作为附加值税的消费税被用于福利等事业,原本主要由国内居民承担纳税义务。消费税免税制度使得非日本居民在日本国内消费时可在满足一定条件的情况下享受免税待遇。

一度极为有限的免税范围扩大到了食品等易耗品,催生了旅日外国游客"爆买"的现象。免税的条件是短期滞留的外国人在免税店购物。经营免税店需要得到当地税务署的批准。如果外国人购买的免税商品在国内市场大肆流通,将造成税收损失。因此,外国人必须把购买的免税商品带出日本。免税易耗品的出境期限是30天。

免税商品只限个人使用,不能用于商业目的。但由于没有规定数量,存在为了倒卖而购买免税商品的情况。一些店铺甚至为了防止倒卖而限制销售数量。很多人对在国外办理免税手续的麻烦程度有所体会,而外国游客在日本购物时相对容易地就能享受到免税待遇。

免税手续有着相当细化的规定。唐吉诃德的店铺在收银阶段对免税商品加以区分，简化了办理免税的步骤。唐吉诃德先于同行推出多语种免税手续宣传手册和免税店地图的举措也在业内广为流传。

在这里跑一下题。我曾向购物中心和百货店提出过建议：**顾客在一家店铺购物时，可以把购买的商品交给店家保管以便继续逛店购物，购物结束后到一层的前台领取商品。**空着手继续购物显然更方便。商城也可以提供这项服务。与拎着重物逛店相比，寄存商品当然会让顾客感到轻松，如果顾客最终在收银台看到大量购入的商品后不知所措，店家可以提供收费的配送到家的服务。

现在回到消费税免税的话题上来，唐吉诃德的部分店铺为外国游客提供将在店内购买的商品配送到机场的服务。这一精明的举措印证了唐吉诃德深知购物的方便性能够促进销售额的增长。

唐吉诃德支持外币支付，所有店铺都可办理免税手续并提供 Wi-Fi。我在采访涩谷店时对外国游客所青睐的伴手礼进行了彻底的调查，对果冻的备货量之大印象深刻。除此之外，唐吉诃德还接受免税商品的预订。

❖ 面向外国人的商品种类丰富

读者可能知道，东京的新宿是最受外国游客欢迎的观光地之一。外国游客当然想要浏览观光名胜，但更期待的是购物和享用美食。而且，包括红灯区在内，杂乱和怪异的歌舞伎町街道氛围也是新宿的一大魅力。

唐吉诃德还自带娱乐场所的功能。一些店铺内设有抓娃娃机，以便外国游客使用零钱硬币消费。

唐吉诃德在厕所的设置上也下了细致的功夫。例如涩谷的 MEGA 唐吉诃德店内除了男女厕所外，还设置了贴有特殊图标的不分性别的厕所，以供第三性别人士放心使用。

4 对一线放权

❖ 放权经营

唐吉诃德奉行彻头彻尾的顾客主义。在我看来，唐吉诃德并不是依靠奇谋开展经营的企业，而是根据顾客需求灵活地改变自身。创始人安田董事长曾在采访中断言："我们不是争强好胜的公司。"

平均每家唐吉诃德店铺的商品数量都超过 8 万件，大型店铺 MEGA 唐吉诃德的商品数量甚至为 12 万件。这个数字是仅拥有 3000 件商品的便利店的 27~40 倍，其备货丰富程度不亚于大型超市。然而，超市经营举步维艰，唐吉诃德却收益双增。在经济增长的环境下，公司总部可以独自统筹商品企划，制定价格甚至决定货架设计。**在当今时代，总部需要对一线大幅放权**。用安田董事长的话来说，就是要做出"微调"。

唐吉诃德对各店铺的店长放权，不仅是非常规商品的采购权，价格的决定权也委托给了店长。以店铺附近存在家电量贩店为例。在这种情况下，如果采购同样的商品，与竞争对手正面冲突，结果只能是爆发价格战。正确的做法是采购对手不感兴趣的高度专业化的商品，吸引发烧友、转移战场。这就是安田董事长所说的"微调"。

唐吉诃德还大胆地把下放权限，即微调的对象扩大到了店长以外的人员，把一个货架价值 3000 万日元的商品采购权委托给兼职工。唐吉诃德指导兼职工去思考什么商品好卖，其代价就是当一家店铺出现库存积压时需要打电话联系其他店铺接收库存。虽然被授权者承受着巨大压力，但如果看到自己采购的商品越卖越好，自然会品味到成功的快乐，进而产生工作动力。

❖ **游戏化管理**

唐吉诃德对待数千万日元的态度简直就像玩游戏一样。正是游戏般的感觉使唐吉诃德能打造出商品更多样化的店铺。唐吉诃德率先推行了当下所说的"游戏化管理"。不是做快乐的事，而是以做事为快乐。不是把游戏当作工作，而是以工作为游戏。唐吉诃德内洋溢着这样的企业精神。

以前我采访唐吉诃德时印象最深刻的就是与外界臆测的形

象相反，这是一家真挚开明的企业。**特别是一线掌握操作数据的那些员工，尤其令人感佩**。唐吉诃德的部分商品的确由总部统一采购，但各家店铺乃至在店铺从事销售工作的每名员工才是真正的主角。

唐吉诃德实时共享店铺的销售点终端（POS）数据。我询问一线员工为什么要采购某一款商品。对方明确地回答："因为在同样的条件下，这一款商品在其他店铺卖得很好。"如果自己采购的商品没有卖出去，负责人会与其他店铺磋商转移库存事宜，并负责到底。

在老年人和那些不经常去唐吉诃德的人眼中，这是一家"乱七八糟的店"。然而，去了几家唐吉诃德的店铺后，人们应该能够发现其中陈列的商品多种多样，因店而异。我家附近的唐吉诃德六本木店内满是为外国人准备的商品。新宿店内则有很多色情、低俗的商品。冲绳的唐吉诃德店铺为照顾老年人，打造得宽敞舒适。每家店铺都各有特色，这也是下放权限的成果所在。

唐吉诃德的采购也有许多成功范例。以往人们想要购买聚会用品时一定会去东急手①。曾有顾客向唐吉诃德的店铺询问

---

① 东急手是经营家居产品、手工材料、建材、工具、配件以及杂货的连锁百货店，1976年成立，东急不动产控股的全资子公司。

是否销售聚会用品。如果是一般的连锁店，从总部收到一线反馈，到应顾客需求采购，总会耗费一段时间。而在唐吉诃德，各家店铺可自行判断决定，毫不迟疑地采购。这种灵活性造就了想买聚会用品就去唐吉诃德的口碑。2005 年前后，唐吉诃德的聚会用品年销售额不到 1000 万日元。如今在万圣节需求的带动下，聚会用品年销售额超过了 10 亿日元。

❖ **店铺独自制作 POP 广告**

总部统一制作 POP 广告能节约成本。在唐吉诃德，各家店铺有着很大的自主权，只有负责采购的一线人员才知道什么是想要重点销售的商品。因此，各家店铺为独自制作 POP 广告而开动了脑筋。这些 POP 广告展示了不同店铺的特色。我在采访唐吉诃德时与一位跳槽来的员工进行了交谈。这位员工在跳槽前一直从事 POP 广告制作，跳槽后开始学习唐吉诃德式的 POP 广告。据他介绍，唐吉诃德对 POP 广告没有严格的规定，**各家店铺可灵活地制作 POP 广告**。

在接到店长或卖场负责人的指示后，这位员工即刻就能在 POP 广告上写下该商品的宣传文案。

一些店铺设置了统一售价 500 日元的货架，随便陈列着睫毛膏等商品，忠实地展现了唐吉诃德"如此程度的折扣！巨便宜的殿堂"之定位。此时，货架的POP广告上一定写着"降价〇〇%"。采用这种写法是因为店铺方面知道，消费者不能根据绝对价格来判断商品是否便宜，明确标出售价比开放价格或厂商建议的价格便宜多少，才能打造出卖点。

唐吉诃德独家销售一些资生堂的化妆品，例如MAJOLICA MAJOLUCA系列产品，相应的POP广告上写着"唐吉诃德""独家销售！""资生堂与唐吉诃德联手打造"等文案。"唐吉诃德""独家销售"和"资生堂"分别使用黄、红和蓝色书写，加上其他颜色的文字，视觉效果五彩斑斓。唐吉诃德没有遵循POP广告最多使用两种强调色的原则，其制作的褒义的艳俗POP广告极具吸睛效果。恰恰是这种艳俗成为唐吉诃德的象征性颜色，令来往顾客注目。

大量设置POP广告也是唐吉诃德的特色之一。其做法真可谓是POP广告的压缩陈列。店铺通常会把大幅POP广告设在购物篮上。广告文案使用大字体，彰显出店铺的自信，顾客也因此被打动而购买。

然而，一些店铺会采用右侧示意图所示的那种POP广告的设置方式。

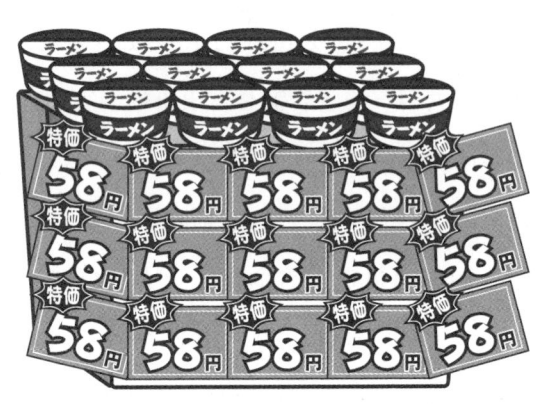

第 1 章 | 解读唐吉诃德强大的 7 个关键点

示意图　58 日元特价方便面的 POP 广告

　　零售业 POP 广告使用须知中没有图中这种设置方式。我也难以判断这样设置 POP 广告能否起效果。鉴于 POP 广告的作用之一是引人关注，这种设置方式相当醒目，可谓褒义的鄙俗。

　　令我佩服的是唐吉诃德的许多 POP 广告文案不把重点放

041

在商品的功能上,而是详细介绍商品的用途。顾客想知道的并不是一款商品有多么了不起的功能,而是买了后能用来做什么,将来如何改善升级。某个品牌的果汁机,隔壁的家电量贩店只知道以价格吸引顾客。与此相对,唐吉诃德则用POP广告说明这款商品能用酒水和果汁制作鸡尾酒。那么,哪家店更能吸引顾客就不言而喻了。

最令我感到好笑的是唐吉诃德POP广告文案中出现的"贱卖"和"真便宜"。歪七扭八的手写大字"贱卖",让人看了忍不住捧腹大笑。一些店铺会写出价格便宜的理由。这是为了避免顾客因价格过于便宜而产生不安。

价格便宜的理由大多是"一次性批量采购"。有的理由令人忍俊不禁,例如"负责人宫本花了大力气!!!"。即便顾客不去琢磨宫本是谁,看到这样的POP广告也会觉得店铺为了实现便宜价格而付出了努力,从而对商品感到放心。

除了褒义的鄙俗文案外,唐吉诃德还用旗幡指名道姓地宣称与附近的对手展开竞争,诸如"抗击某某公司赤坂店!""价格对抗!"等。

大阪一家唐吉诃德店铺内的游戏机POP广告展现了粗暴的幽默感。这款名为FC HOME 88的游戏机自带88个二十世纪八十年代的任天堂游戏。POP广告上写的是"空前绝后的烂游戏合集"。我在看到这款游戏机时内心也认为那些游戏质量不高，但用"烂游戏合集"来形容实在出乎意料。我甚至考虑购买这款游戏机以向这条出色的文案致敬。

唐吉诃德的 POP 广告击穿了底线，却能给人们带来安心和欢笑。

❖ 彻底的放权与考评

当然，唐吉诃德并不是下放权限后就万事大吉了。总部会对被授权者进行严厉的考评，向全公司公布店长们的销售成绩排行榜。这一举措一度成为话题。自主经营权的背后必然是严格的审查，从某种意义上来说，这也是唐吉诃德的魅力所在。目前唐吉诃德的总部统筹 30%~40% 的商品，其余的商品交由一线负责。

很多人并不知道唐吉诃德共有三个业务形态和六个营业总部。三个业务形态分别是 Pure 唐吉诃德、New MEGA 唐吉诃德和 MEGA 唐吉诃德。它们各自具有独立的组织结构，并自负盈亏。唐吉诃德兼顾规模优势和单店主义，以应对时代的需求。此外，划分业务形态和营业总部还促进了公司内部的切磋磨合，使公司不断朝着增收增益的目标迈进。

唐吉诃德这家特殊的零售企业销售的商品种类不计其数，可以用"从劳力士到卫生纸"来形容。

唐吉诃德最大的目标是使各家店铺战胜当地的竞争对手，直到迫使对方倒闭。然而，竞争不能没有策略地率性而为。在九州地区和东北地区不能销售同样的商品。店铺的商品构成也应因地理位置而异。把权限下放到一线正是为了因地制宜，使店铺各自发挥自己的智慧。

在供应链行业有"分散采购"和"集中采购"的说法。分散采购是指每个营业点分别采购商品；集中采购则是指总部统一采购商品。以往人们认为统一采购有利于商品开发。但是，加以思考后可知，分散采购和集中采购并非二元对立的关系，完全可以汲取两种采购方式的长处。

融入考虑到地区特征的分散采购，可以展示对零售企业而言极为重要的店铺特色。常规商品当然要彻底地保持低价。然而，利润率高的非常规商品占据着盈利的大部分份额。为此，扎根于一线的商业感知对于如何经营非常规商品尤其重要。

分散采购和集中采购各有其长处。唐吉诃德多采用各家店铺分别采购的方式。但分散采购有着明显的缺陷，那就是供应商必须与各家店铺分别打交道。

供应商不得不登门拜访，与唐吉诃德的分店店长或店铺负责人进行商务交涉。这相当耗费精力和成本。由于没有总部的统筹，店铺独自采购非常费时费力，这也是没办法的。但是，凡事有弊则有利，店铺独自采购可以更好地应对当地的需求。

❖ 允许试错的一线建设

唐吉诃德对一线放权，使得门店方的大量试错成为可能。

假设在店内陈列单价为 1 万、2 万、3 万、4 万和 5 万日元的牛仔裤，结果 2 万、3 万和 4 万日元的卖了出去。3 万日元的牛仔裤尤其畅销。

在这样的情况下，如果考虑到销售效率，似乎只陈列 2 万、3 万和 4 万日元的牛仔裤就可以了。但实际上如果这么做，4 万日元的牛仔变得滞销，只有 2 万和 3 万日元的牛仔裤依然能卖出去。其结果就是出现了客单价减少、总利润额下滑的奇妙现象。

或许这一现象并不奇妙。人们只会就价格进行相对的比较，在自己获得的信息的范围内辨别便宜和昂贵。而所谓的信息也不过是在卖场内获得的。

因此不单是 5 万日元的，还应该试着陈列更贵的 6 万和 7

万日元的牛仔裤。不进行尝试就得不到答案。高价牛仔裤能否卖出去，其答案会因地区而异。正因如此，才需要加速犯错、纠正、再犯错、再纠正的循环。只有这样，对一线的放权才能产生效果。

尝试性的高价商品陈列若取得成功，则有可能提高顾客人均消费额。从这个思路去衡量，**压缩陈列能向顾客提供可比较的价格信息，可以被评价为促进畅销商品和高毛利率商品销售的一个"发明"**。

我曾经负责过采购业务，向供应商采购商品，如今成了业务咨询师。专业的采购员如何判断供应商给出的报价是否合理？这个问题经常引起人们的讨论。判断方法有几种，例如对比相似产品的价格、估算成本、对比市场价格等等。

不过最简单的判断价格是否合理的方式，还是对比其他供应商的报价。报价对比也是专业采购员最常用的方法。那么对于店铺的顾客而言，要想确认自己购买的商品价格是否合理，最可信的办法无疑是与其他商品进行比较。

❖ **责权匹配是非常重要的**

虽然我写得堂而皇之，但从结论来说最重要的是同时赋予员工责任和权限,使每个人最大限度地做出努力。某家快餐连锁企业曾经因其店长一职被批评为"徒有其名的管理职位"而成为话题。店长担负着巡视管理店铺的重大责任,但该企业的店长们却连自主雇用兼职工的权限都没有。这就是责任与权限的不匹配。

没有权限,只承担责任,当事者会感到不合理。只赋予权限却不追究责任,当事者则会在工作上敷衍。只有责任与权限相匹配,当事者才会尽心尽力去开展工作。

零售店卖不出去的商品被打上"滞销"的标签。但这些商品真的卖不出去吗?最起码不应该轻易地放弃努力。如果是在自己的权限范围内采购的商品,当事者就有动力想方设法销售出去。

陈列展示和 POP 广告会影响到商品的销售情况。如果商品不能完全卖出去,这个责任该如何处理?在唐吉诃德,这个责任由员工承担。因此,一线负责人拼命地为了提高销售额而试错。**不给商品打上"滞销"标签,再次赋予其生命,尽一切可能卖出去。**

放置的场所不佳,陈列方式不妥,与其他商品搭配不良,POP 广告没有吸引力……商品卖不出去的原因何在?只有当事者自己绞尽脑汁去思考,才能找到答案。此外,要想提高销售额，还要细心观察顾客，试着去理解顾客的心情，并积极地从供应商那里收集商品方案。

有人会觉得这些工作有意思，也有人会觉得苦不堪言。就唐吉诃德而言，实现飞跃式发展的根基就在于这些努力。

5 自有品牌的力量

❖ 综合折扣超市特有的自主品牌力量

不久前GU[①]推出990日元一条的牛仔裤，唐吉诃德随即发售了690日元的牛仔裤与之抗衡，引发了轰动。

唐吉诃德在不断强化非食品，即日用、杂货等领域的商品。从4K电视、平板电脑、个人电脑等黑色家电到电饭煲、吹风机等白色家电，唐吉诃德的超低价自有品牌商品广为人知。4K电视使用东芝REGZA的主板，因价格设定极为便宜而出名。

自有品牌商品中还有床上用品和服装。近几年来唐吉诃德还把自有品牌商品拓展到了99日元杂货。虽然这些杂货售价仅99日元，但设计考究，符合女性的喜好。唐吉诃德甚至还开发了毛绒玩具。

[①] GU是迅销集团的子公司，专门经营低价休闲服装，价格比优衣库便宜约30%。

唐吉诃德原创商品的年销售额达到908亿日元，约占包括其他业务在内的总营业额的10%。虽然4K电视等家电令人印象最深刻，但其实自有品牌商品中占比最大的是食品，家电的占比并不高。

唐吉诃德自有品牌商品构成比例：

食品　　　　　　　　30.4%

手表、时尚服饰　　　25.9%

日用杂货　　　　　　20.9%

家电产品　　　　　　15.0%

运动、休闲用品　　　6.6%

唐吉诃德拥有3个商品品牌。

① 低价品牌"热情价格"，以食品等日用品为主。

② 高出一个档次的品牌"热情价格Plus"，以讲究功能和质量的家电等为主。

③ 高端品牌"热情价格Premium"，以旅行箱等商务用品为主。

唐吉诃德自有品牌商品的种类已超过2000种。该公司还进军服装业务，推出了时尚品牌"RESTORATION"和运动服品牌"ACTIVEGEAR"。

坦率地说，我曾对去唐吉诃德购买服装抱有疑虑。但是实际进店后我发现，其自有品牌服装设计精良，用料结实。与其他推出自有品牌的综合超市相比，唐吉诃德具有相当的竞争力。

❖ 产品导向型与市场导向型

目前在零售行业，围绕产品导向型和市场导向型存在争论。概括地说，产品导向型指的是卖家销售自己想要生产的产品。市场导向型则是倾听顾客声音，按照市场需求生产产品并销售。

一般的观点是产品导向型过于自以为是，市场导向型更优秀。我认为这一观点并不妥当。因为单凭市场调研无法推出令顾客耳目一新的革命性产品。

唐吉诃德的商品开发机制属于彻底的市场导向型，或者说自下而上型。店铺听取顾客的愿望和意见，然后将之反馈给SPA开发总部。在SPA总部的统筹下开发生产商品。SPA是Specialty Store Retailer of Private Label Apparel的缩写，直译为自有品牌服饰专业零售商[1]。

我采访过一位唐吉诃德的自有品牌商品开发负责人，对其

---

[1] SPA商业模式由美国服装巨头GAP公司于1986年提出，是一种整合了商品策划、制造和零售的销售形式。其他知名SPA商业模式的品牌还有日本的优衣库、无印良品，西班牙的ZARA，等等。

工作范围之广泛印象深刻。这位负责人要亲自前往店铺设置印有照片的POP广告，甚至还要负责质量管理。

顾客在零售店购物遇到不良产品时，如果是全国性品牌（NB）的商品，店铺方面或许还有理由推脱责任。如果有问题的是自有品牌产品，零售店的信誉将严重受损。成功的SPA要对其开发的商品进行彻底的质量管理。

在我采访过的企业中，NITORI①的质量管理可以算作优秀范例。NITORI的董事长曾经说过，因为对自己的商品质量有着绝对自信，所以才能够向顾客销售。例如NITORI的椅子，在进行质量检测时要做用100千克的重物在椅面上砸数万次的测试。

检测商品是否会损坏并不是质量管理的终点。检测结果会通报给供应商，用于改善质量。NITORI还会对供应商的工厂进行监督。一般的制造业企业都做不到这一点。

某汽车厂商的生产业务部长被猎头推荐到NITORI，如今是质量管理的最高负责人。现今的零售企业销售多种多样的商品，生产基地遍布全球，质量管理工作的难度加剧。只有逐一解决质量问题才能赢得顾客信赖。这是品牌的源泉。

---

① NITORI是日本的大型家具和内装产品零售商，在日本国内拥有近700家店铺，在全球有100家连锁店。

❖ 自有品牌（PB）为何能飞跃发展

与自有品牌相对的是全国性品牌（NB）。所谓全国性品牌就是人们日常购买的知名品牌商品。全国性品牌的销售基本由零售店进行。

全国性品牌的生产商和零售企业，哪一方的力量更强？双方的力量对比随着时代而变化。零售企业试图大量采购全国性品牌商品，以提高对生产商的影响力。这一影响力体现在价格谈判当中，其结果就是零售企业能以更低的价格采购。

如果同时有多家零售企业拥有影响力，围绕如何能以更低价格采购全国性品牌商品的问题，将产生竞争。毕竟各家零售企业采购的都是同样的全国性品牌商品，都想用低价吸引顾客。

这种情况就催生了自有品牌。自有品牌的意义在于对生产商和零售企业双方都有利，能实现低价格生产和低价格销售。

从生产商的角度来看，既然零售企业承诺购买商品，就可以根据订单数量选择最佳生产工序。在设备的空闲期也可以为零售企业开工生产。由于生产的不是自家产品而是零售企业的自有品牌商品，生产商不需要支出广告宣传费。此外，产品的客户只有一家，营业成本也能得到控制。

我曾在家电生产商工作过,因而知道生产商有着过度追求质量的坏习惯。观察生产一线就能发现,生产商往往会执着于提升产品品质,但消费者感觉不到,自然也不会为此买单。

生产商的内部也有人主张"舍弃微不足道的质量差别,要有销售产品的勇气"。然而,生产商最终仍选择沿袭质量过剩的老路。但在接到与消费者直接接触的零售企业的自有品牌商品订单,**放弃了对品质的执着进行生产后发现,产品销售情况意外地好。由此生产商才明白顾客需要的并不是过剩的质量**。

对全国性品牌的生产商而言,能委托其生产自有品牌商品的零售企业大多是优质客户,很难拒绝。

在上述多重因素的作用下,当下的零售企业对生产商拥有强大的影响力。在全国性品牌之间难以实现差别化的现状下,零售企业不得不生产自有品牌商品。

零售企业通过扩充店铺或收购其他业务而体量变大后能获得什么优势?

优势有三项。第一项优势是能**通过大量采购对供应商施加影响力**。如之前所说,零售企业大量采购能降低商品价格,并争取对自己有利的交易条件,从生产商那里获得诸多方便。例如家电量贩店可以要求生产商派出销售员到店铺提供销售服务。这一点在生产 PB 商品时也能发挥同样的作用。

第二项优势是**能提高品牌力**。许多消费者对从知名零售店购物感到放心。此外如果公司名声在外，便能在招聘员工和寻找新供应商时占据很大的优势。企业的信誉与其品牌力成正比。知名企业在媒体发布广告时更容易获得版面和时间。

第三项优势是能**减少内部成本**。选购 10 件店用器材与选购 100 件，平均每件所需要的人工成本，明显是后者更少。

制作店铺工作手册也是一样。为 10 家店铺制作和为 100 家店铺制作，平均每家店铺花费的成本当然不同。企业规模扩大后，员工教育和劳务管理能变得更有效率。

自有品牌商品的快速发展使生产商也在认识上发生了变化。生产商进行成本管理的原则有两个，一是成本主义原则，二是非成本主义原则。成本主义重视成本，其思维模式是成本+利润=销售价格。目前占据主流的是非成本主义原则，其思维模式是逆向推算出成本：销售价格-利润=成本。销售价格由市场决定，利润也必须满足股东的期待。按照这一原则确定成本，把商品的功能和规格控制在成本之内。

生产商单靠生产物品已不能保证销路。这一变化也促进了自有品牌商品的崛起。

❖ **捕捉消费者需求**

　　扫地机器人畅销的理由之一是能让老年人打扫房间时少弯腰。年轻人很难理解这一点。还有一些消费者购买扫地机器人是因为觉得每次使用吸尘器时都要插电源插销很麻烦。这个例子说明了设身处地为消费者着想的必要性。

　　有的男性结婚后在还没有孩子时，不喜欢去购物中心，一旦有了孩子就发现购物中心实在是方便的好去处。孩子在里面奔跑吵闹也不会令旁人恼火，因为来这里的许多都是带孩子的顾客，彼此更加理解宽容。与商店街不同，购物中心配有停车场，厕所也干净整洁。妻子购物时，丈夫可以陪孩子在游戏厅玩游戏。不当父母，就不能理解购物中心的魅力。

　　商品开发也要考虑到消费者的需求。读者可能还记得，老式冰箱的蔬菜室是在最下层。或许是因为当时生产商的年轻设计师不了解家务而采用了这样的设计。许多消费者抱怨需要蹲下才能打开蔬菜室，使用起来极不方便。生产商听取了消费者的意见，把蔬菜室改设在了冰箱的中层。

　　以往家电生产商把销售委托给家电量贩店等零售商，没有直接听取消费者的需求，经常接触顾客的零售企业推出自有品牌商品有其合理性。一些商品有着太多无用的功能，特别是有的家电产品可谓功能泛滥。从消费者的角度出发，贴心地提供消费者需要的、期盼的商品，零售企业的这一作用今后将愈发重要。无印良品[①]能比家电生产商提供更符合家居环境的家电。这个例子就极具说服力。

有意思的是，自有品牌商品的价格不一定比全国性品牌（NB）商品便宜。7-ELEVEn便利店的自有品牌商品就能证明这一点。面向粉丝顾客，7-ELEVEn便利店推出了"7 Premium Gold"品牌的高价商品。除了实现商品差异化外，此举还能提高顾客的忠诚度。

像唐吉诃德这样销售额保持增长且始终听取顾客呼声的零售企业，推出自主品牌商品是自然而然的趋势。自有品牌商品能贡献相当多的毛利润，预计今后将持续扩充。

[①] 无印良品是良品计划公司旗下的品牌，开展家具、服装、杂货、食品等零售业务，其商品以设计简约、材料环保而著称。

6 食品部门的优势

❖ 收购长崎屋形成增长力

对唐吉诃德不甚了解的读者或许不会把这家企业与食品联系起来。事实上在唐吉诃德的零售业务中,食品占了33.1%,无可争议地排在第一位。唐吉诃德通过综合超市不断强化着食品业务。

唐吉诃德的综合超市业务始于2007年收购破产的长崎屋。长崎屋1948年创立于神奈川县,逐渐成长为综合零售企业,之后完成破产手续,被唐吉诃德收购。

长崎屋因经营不善而申请破产手续,获得印刷电路板设计制造商 Kyoden 公司的注资。之后长崎屋的业务不见改善,Kyoden 便将其持有的86%的长崎屋已发行股份转让给了唐吉诃德。长崎屋由此成为唐吉诃德的子公司。

原本有其他企业想要收购长崎屋,但 Kyoden 最终选择了唐吉诃德。唐吉诃德之前收购了建材超市 DOIT,打下了良好开端，为之后的收购积累了成功经验。

当时其他零售企业的业绩疲软，而唐吉诃德则保持增收增益，有能力进行投资。2007年，继DOIT之后，唐吉诃德将长崎屋收入旗下。

2018年8月，我开始撰写本书时，有消息推测沃尔玛公司将出售子公司西友[①]。唐吉诃德随即对收购西友表示出了兴趣。唐吉诃德的社长大原孝治表示，收购西友可以获得优秀人才和难以入手的地皮。

2007年唐吉诃德决定收购长崎屋的理由就是其店铺所处的地理位置优越，东京的八王子和田町等地的店铺有着很强的吸客能力。重振长崎屋拥有的店铺，对唐吉诃德的下一步发展至关重要。

❖ 重组过程中发现的方程式

长崎屋于2011年终于实现了盈利。长崎屋扭亏为盈并非易事，是唐吉诃德深思熟虑的结果。

---

① 西友（SEIYU）是总部位于东京的大型综合连锁超市，在日本全国有300多家店铺，2005年成为沃尔玛的子公司。2021年3月，沃尔玛把所持过半数的西友股份出售给了美国的投资公司和日本电商平台乐天的子公司，但持股比例仍超过15%。

阻碍长崎屋重组的是综合超市这一不利的业务形态,当时综合超市被认为无法盈利。

唐吉诃德集团发布了"长崎屋复苏计划"并付诸实施。长崎屋的转型始于千叶县的 MEGA 唐吉诃德四街道店,其重组过程并不简单。在开始的阶段,唐吉诃德尝试以长崎屋原有的老年人客户群为目标,按照既有的经营理念建设店铺,但结果并不理想。

对长崎屋的重组设想最初是利用其拥有的店铺销售低价食品。这并不符合唐吉诃德成功的方程式。之前已再三强调,唐吉诃德的商业模式并不单单是低价销售商品。

如果只是追求低成本,那就必须削减作业人手,打低价格的消耗战。唐吉诃德的做法则是在突出低价格的同时配套销售高毛利率的商品。

为了提高店铺整体的商品魅力,在厨房用品等不擅长的领域,唐吉诃德精心研究每一款商品,强化了备货工作。店铺也不以低成本为唯一目标,而是投入资金改善商品陈列和店铺管理。

瞄准家庭顾客,唐吉诃德提出了开设综合超市 MEGA 唐吉诃德的构想。店铺开业后便吸引了带孩子的家长,其中不乏带着孙子辈来购物的老年人。

唐吉诃德最终摸索出的综合超市战略是**在经营低价食品的**

同时销售日用品和服装等商品，谋求盈利。

与此同时，唐吉诃德借鉴长崎屋的经验，对食品部门采取彻底的强化措施。食品部门得到强化，店铺就能吸引家庭主妇类顾客每天前来购物。之前在介绍唐吉诃德与 UNY 联合冠名的店铺时已经提到，非食品部门赚取的利润也被用于提高食品部门的竞争力。

对食品部门的强化随后还延伸到了唐吉诃德旗下的其他店铺，药妆店销售低价格低毛利率的食品，吸引并引导顾客购买高毛利率的医药品。唐吉诃德扩大了这种商业模式，用食品和饮料的低价化与超市争夺顾客。最近唐吉诃德以 500 多日元的价格销售法国名牌葡萄酒"博若莱"（Beaujolais）之举极具震撼力。

唐吉诃德销售的便当非常便宜。鲑鱼便当的最低售价曾经不到 300 日元，牛肉饼便当等不到 400 日元。一些消费者对便当过于便宜感到不安。对标榜"巨便宜""惊爆价"的唐吉诃德而言，顾客的这种怀疑态度无疑是最大的表扬。

便当之所以能如此便宜是由于唐吉诃德在吸取长崎屋的经验的基础上进行大量采购，压倒性的采购量极大地降低了便当商品的成本率。

便当的采购价格便宜，成本率却高，这似乎不可思议。原因在于唐吉诃德不期待便当能盈利。最大限度地降低便当售价是为了吸引顾客，便当的售价随着采购价格的下跌而愈发便宜。唐吉诃德并不单靠便当"吃饭"，可通过销售其他商品实现盈利。

把非食品部门赚取的利润用于食品部门投资→提高食品部门的诉求力→每天吸引顾客→带动非食品部门销售额上升，唐吉诃德已形成了这样的良性循环。**用利润率低的食品吸引顾客，引导顾客购买利润率高的非食品商品**。这就是唐吉诃德在综合超市采用的商业模式。

被收为子公司后，长崎屋依靠唐吉诃德集团的力量得以重生。凭借既有顾客和品牌力，长崎屋与唐吉诃德实现优势互补，为提高集团整体的吸客能力做出了贡献。

此外，唐吉诃德收购的DAISIN百货店也转型为综合超市，于2016年6月作为MEGA唐吉诃德大森山王店（东京大田区）重新开业。

DAISIN百货店的案例无疑为长崎屋的重组提供了一个成功经验，唐吉诃德通过收购不同业务形态的零售企业实现了集团的整体发展。唐吉诃德的第一家店铺开设于1989年。大约20年后，从2008年到2009年，唐吉诃德开始向零售集团转变。唐吉诃德是在这一转变发生的前一年，即2007年收购的长崎屋。

7 特异空间的展现力

❖ 巧妙展现购物场所

唐吉诃德意图打造 CVDA 店铺。CV 即 Convenience，便利；D 即 Discount，折扣；A 即 Amusement，娱乐。简而言之就是为消费者提供便利、便宜且富有娱乐性的购物体验。

之前已经介绍过，唐吉诃德的食品商品和非食品商品的毛利率不同。如何使这两大类商品形成互补，唐吉诃德也是经过了不断的试错。

食品价格哪怕仅相差 1 日元，消费者也会认真进行选择。消费者对食品价格的高低极为敏感，对非食品商品的价格则不会锱铢必较。因此，同时销售食品和非食品商品的店铺，必须要让顾客在进入非食品区后**摒弃选购食品的思维模式**。如何巧妙地区分食品和非食品，对超市而言一直是一个难题。在一些地方城市的超市，食品旁边陈列着日用品。如此一来，消费者就会用对待食品的挑剔眼光去"审视"日用品，提不起购买欲望，或者只购买毛利率低的低价商品。

针对这一难题，唐吉诃德的做法是把食品卖场和日用品卖场设在不同的楼层，并把食品卖场布置得相对有条有理。消费者进入日用品楼层后自然而然地就会转换心情。卖场深处迷宫般的通道，诱导消费者从购买食品的日常模式切换到购买其他商品的非日常模式。

有必要使消费者产生非日常的、身处特异空间的感受，切换身体内的开关，这就需要在卖场巧妙地使用音乐、灯光和相应的商品陈列方式。店铺所在地的环境氛围也会影响到消费者的感受。

唐吉诃德对店内音乐的使用也是有选择的，杂货卖场使用日本流行歌曲，家居用品卖场和食品饮料卖场使用轻音乐，销售高端品牌的楼层播放的则是西方流行乐。同为唐吉诃德的店铺，音乐和灯光也各有不同。相同商品的卖场氛围也会因各家店铺客户群体的不同而有所变化。

❖ 引导顾客走进特异空间

即便是打造出了特异空间，若不能吸引顾客进店就毫无意义。首先要从物理上做到让顾客容易进店，一些高端品牌店铺配有门童，从某种意义上讲具有甄别顾客的作用。折扣店则是面向广大消费者，需要便于顾客进入和环视店内。

如何看待店铺的灯光设计？出于职业习惯，不仅限于唐吉诃德，我在进入其他任何店铺后都会抬头看天花板，观察照明情况。以服装店为例，街面店铺和购物中心内店铺的灯光不尽相同。每当我一边自言自语"这里的灯光与其他店铺不一样"一边用手机做笔记时，店员都会把我当作竞争对手派来的间谍，露骨地报以白眼。

购物中心内的许多店铺采用明亮的灯光。如果按照服装店的亮度标准设置购物中心的灯光，则整体上会显得昏暗，形成阴郁的氛围。

店内灯光氛围过于别致沉静会影响到招揽顾客。特别是量贩店，明亮的灯光有着诱虫灯一般吸引顾客的效果。在一些位于采光充足环境中的唐吉诃德店铺，一层只使用荧光灯管。新宿歌舞伎町店就是其中的一例。

有的店铺在一层使用聚光灯对个别商品进行照明，或是在货架上安装照明设备照亮商品，还有的店铺使用吊灯照明。

灯光的作用**首先是把顾客吸引到一层**。例如唐吉诃德六本木店的一层就采用了多种灯具以突出明亮度。二层以上只使用荧光灯，或是在高端品牌楼层设置能渲染氛围的灯光。酒水卖场采用弱光照明，以免葡萄酒被强光照射后变质。**观察零售店时特别留意照明的话，人们会有新的发现。**

在店铺一层灯光的设置上，即便是唐吉诃德也遵循了零售企业的基本操作。在唐吉诃德的多层店铺，一层用来销售引流商品或低价商品，吸引顾客。最高层是"待客"层，用来收购和销售名牌商品。其余的都是销售"专门"商品的楼层。专门商品层均采用延长顾客动线的卖场设计。剑道和茶道中有着"守破离"的概念，总结了修行的各个阶段。修行者先要遵守门派的教导，掌握基本的形式与技巧；有了一定的修为后参考其他门派汲取长处；最终脱离门派开拓出自己的道路。唐吉诃德尽管风格独特，但其店铺设计没有打破零售店的基本框架。

有的店铺没有开设在所在楼宇的一层，顾客不能从楼外直接看到店内的情形。JR新宿站附近的唐吉诃德新宿东南口店就是设在所在楼宇的三层以上。一层有店员散发传单广告，仅展示着几件引流商品，店内设有布告栏，贴着唐吉诃德与附近竞争对手店铺的价格对比表，竞争对手店铺均为实名，表中还附有照片并标明了调查日期。

❖ **幽闭与封锁的梦幻国度**

大多数唐吉诃德的店铺没有窗户。有窗户的店铺只是例外。从打造特异空间的角度来看，不设窗户具有启发性。

沉浸在自我世界中的感觉有着极其重要的意义。迪士尼乐园之所以能取得巨大成功，就是因为能让顾客陶醉在独特的世界中流连忘返。进入迪士尼乐园后，游客就看不到外面的世界，哪怕是在春天，迪士尼乐园内也看不到且不能让游客看到象征日本的樱花。

迪士尼乐园是梦幻国度，不是日本。**所有成功的营业模式都会营造沉浸感**。在不少百货店，从内部都看不到外界。唐吉诃德和迪士尼乐园打造特异空间的做法具有参考价值。

奥特莱斯一般位于郊外，被墙壁隔出封闭的空间，构成自成一体的消费王国。许多购物中心也建在郊外，不像百货店那样融入街道。顾客走进购物中心就沉浸于完备且独立的小世界。

网络零售商推出虚拟现实技术（VR）战略也是为了使顾客沉浸于网上购物空间以促进销售。顾客戴上VR眼镜进入虚拟的购物中心，通过视觉、听觉和触觉体验商品，甚至可以通过虚拟现实技术试穿服装，感受氛围。

从上述脉络来看，虚拟购物体验可以说是把顾客幽闭在独自的世界之中。如果曾经流行的游戏《第二人生》和史蒂文·斯皮尔伯格导演的电影《头号玩家》描述的虚拟世界成为现实，商家提供能在虚拟世界消费的物品，则消费者只能在独自的虚拟空间内购买。这就是网络企业的终极目标。

如果**打造的不是实体店铺，而是一个世界**，那么顾客就无路可逃。社交网络巨头脸书公司一直就是这么做的。阿里巴巴公司也是一样。阿里巴巴开设虚拟商城，消费者可"体验"入驻商户的商品，进入虚拟商城还能获得身着泳装的店员接待。

❖ 与供应商的协调

回到唐吉诃德的话题。一家零售企业单凭自身力量无法打造购物场所，需要供应商的配合。许多零售企业在店内器材供应等方面得到了供应商的合作。

正如之前介绍的那样，唐吉诃德委托货架服务型供应商管理店铺的货架，接下来从"特异空间的展现力"的角度谈一谈对供应商的利用。

货架服务供应商在日本是一个认知度很低的词。货架服务

第1章 解读唐吉诃德强大的7个关键点

供应商在欧美又被称作承包商（Concessionary）或服务商（Service Merchandiser），指的是一种与交易对象协作的业务形态。货架服务供应商还可以开展委托销售业务。店铺向货架服务供应商提供一定的场所，按照销售额收取一定比例的佣金。

批发商有着代理采购的功能，由于要与众多零售企业和店铺打交道，批发商能获取大量的信息。这些信息当然会被用于卖场设计。

零售企业经常根据供应商的建议去改变自家店铺的卖场。这存在逻辑上的矛盾。因为一家店铺的什么商品畅销，外部的供应商是难以了解的。

想要了解什么商品畅销，就必须深入店铺获取信息。从店铺的立场来看，如果供应商向竞争对手店铺提出同样的建议，则这个建议毫无意义。因此，店铺必然会要求供应商排他性地提供建议。但是，如果店铺完全不分享信息，货架服务供应商则没有存在的意义。货架服务供应商的价值原本就在于掌握众多信息，能给零售店带来新的启发。

如果只是立足于短期的合作，供应商提出的建议方案不会取得理想的结果。供应商的提案必须建立在中长期合作关系的基础之上。这种关系在英文中称为 Supplier Partnership，即供应商伙伴关系，或 Retention Management，即客户维护管理。

Retention 的意思就是维持并强化与客户的关系。

如果供应商与零售企业都不打算开展中长期的合作，双方的关系将难以维系。另一方面，如果供应商推荐的商品完全卖不出去，零售企业与其继续保持密切关系将得不偿失。其中的取舍十分考验智慧。

公司与公司开展合作时会遇到各种困难，要面对的问题不仅限于成本负担。许多有着合作伙伴关系的企业之间存在不知道如何处理机密信息、彼此的工作方式难以改变和磨合、信息系统无法同步、责任不明确等问题。这些问题导致企业之间的合作很难取得进展。

然而，今后一家企业不能单打独斗，需要在机会允许的情况下与其他企业合作，及时投放商品。如果只限于补充库存程度的合作还好说，一旦事关业务战略发展方向，企业不可能随随便便就选定合作伙伴，只会与少数企业建立合作关系。

如果一家企业想与外部开展战略合作，其做法应该是由经营领导人牵头寻找最合适的企业，建立伙伴关系。企业之间如何顺利开展合作将是今后的课题。

唐吉诃德与供应商的合作比较成功。唐吉诃德的供应商组成了"共荣会"，相当于制造业企业的协力会。共荣会的会员企业超过1700家。共荣会巩固了唐吉诃德与供应商的合作关系，使供应商推荐的商品方案更容易被唐吉诃德接受。

共荣会举办地区商洽会。唐吉诃德和供应商们在会上讨论应季商战对策和新店铺开设事宜，唐吉诃德的经营高管还会在供应商大会上介绍公司的发展战略，通过了解唐吉诃德的经营方针，供应商能够为建设符合其战略的店铺提供支持。

顾客的类型因地区和商圈而异。供应商在听取店铺员工意见的基础上协助打造唐吉诃德独有的特异空间。

唐吉诃德面向共荣会的会员供应商提供成本削减服务。供应商若能削减成本，其提供的商品价格就有望更便宜，从而提升唐吉诃德的价格吸引力和商品宣传的说服力。为此，共荣会收购供应商使用过的包装纸板箱，并向供应商低价租赁或出售打印复合机。这样的笼络措施令人叹为观止。

在制造业企业中，日产汽车公司的供应商管理可谓优秀。日产汽车不单单是与供应商共存，包括营造竞争环境在内，还对供应商进行着管理。

日产汽车采取了名为"通用化模块组"（Common Module Family，简称 CMF）的供应商管理机制。极端概括地说，就是按照零部件的类别把原本不计其数的供应商按照不同领域压缩到几家公司，促使供应商大幅削减成本。但同样重要的是，成为日产的指定供应商并不意味着可以高枕无忧，必须带着紧张感与日产汽车打交道。

日产汽车每隔几年就会根据评价更换指定供应商。我认为，日产汽车对供应商采取的这种既不侧重竞争又不片面追求协调的态度很值得学习。唐吉诃德的创始人安田董事长也说过，要在相互尊重的同时与供应商保持距离，建立具有紧张感的关系。

在这绝妙的关系中，重要的是零售企业与供应商为服务顾客而方向一致，创造出独自的空间。

❖ 水族箱之谜

我在思考店铺的构造时习惯探究其意义。有几家唐吉诃德的店铺在入口处安装了水族箱，里面的热带鱼悠然徜徉。水族箱带来的突兀感的确与特异空间的入口相吻合。

折扣店为什么要饲养热带鱼？水族箱的存在令人不可思议。

我在采访唐吉诃德时就店门口为什么有水族箱提出了自己的三个猜测。

一、通过都会闹市与水族箱这一特殊存在形成的反差来吸引顾客。

二、吸引那些为了寻求心理治愈而观看水族箱者进店。

三、为了开创连锁零售店受热带鱼爱好者追捧的先例。

针对我的猜测，店铺负责人表示："都不对。这只是公司的爱好而已。"这一回答令我五体投地。在对意义和误解进行哲学思考时，从误解的角度来看上述问答相当有趣。

涩谷的 MEGA 唐吉诃德店门口设有招财猫八公雕像。这当然是模仿涩谷车站前的忠犬八公像。我曾询问店方设置雕像是否有着什么深刻的理由，得到的回答是"就是为了好玩儿"。

❖ **唐吉诃德为何无法模仿**

在介绍了唐吉诃德的强项后，我要提出一个问题：为什么其他公司不能跟风效仿？即便在某些领域存在类似的企业，但综合折扣超市中只有唐吉诃德一家独秀。如果有心借鉴唐吉诃德的成功经验，其他企业应该也能采取压缩陈列等措施。毕竟不过是陈列商品而已。然而事实并非如此。

在我看来，唐吉诃德有三个特征是无法模仿的。

①店长和总部的经理人化以及放权

唐吉诃德首先在组织上就与一般的连锁店不同，实现了总部与店铺的有机结合。店长有权自主管理店员，而总部则管理着店长。店长在获得对店铺的自主管理权的同时，其工作成绩受到总部的严格考评。

在唐吉河德的店铺，店长变成了类似基金经理人的存在，像管理金融产品那样管理着商品。外行或许认为销售某款商品就能带来盈利。实际上和基金经理人一样，店长要用大量的商品种类去分散风险。

金融业有着"不把鸡蛋放在一个篮子里"的格言。篮子落地，里面的鸡蛋就会破碎，因此要把鸡蛋分散到尽可能多的篮子里。唐吉河德的模式就是每位店长都可以按照自己的思路采购商品，但是要对结果承担责任。

②业务形态与营业总部的独立

自主权与结果责任相统一，唐吉河德的各业务形态与营业总部相互独立，彼此进行切磋琢磨。总部大量采购通用商品以发挥数量优势，与此同时店铺会采购独具特色的商品。

店铺之间既相互依赖又各自追求扩大盈利，其结果就是形成了极其多样化且拔尖的商品群。唐吉河德的店铺不仅要战胜外部对手，还要力争在公司内部的竞争中脱颖而出。

如果想要模仿唐吉河德，那就必须复制整个组织设计，激发组织内部的竞争意识。

③**专人的量产**

由于唐吉诃德对连锁店经营理念持否定态度，其业务自然倾向于专人负责。"专人"一般被当作贬义词使用。然而细加思考后可以得出一个结论：增加能专门负责采购或商品陈列的员工数量，这本身就是一种差别化优势。"专人的量产"，这是一个自相矛盾的词。

作为咨询师，我有时要在听众面前讲课或演讲。演讲当然必须由本人来做，讲课理论上应该可以由他人代替。但是，如果任何人都能代课，就不会有人邀请我去讲课。虽然实施起来困难重重且耗费时间，培养大量专门负责某项业务的人员不失为创造差异化的一个办法。业务专人化，以及在一线对专项业务负责人的教育培养使得唐吉诃德在行业内独树一帜。

其他企业也可以模仿唐吉诃德，但前提是有决心全面改革组织结构，有勇气相信一线。

上述结论并不意味着综合折扣超市中不会出现唐吉诃德的模仿者，也不代表唐吉诃德的地位稳如磐石。但是从唐吉诃德现有的优势来看，其偶然或必然采取的措施就像用经纬线编织出的纹样，不是其他企业能在一朝一夕间就复制出来的。

第 2 章

唐吉诃德为何能连续增收 增益资本与市场战略

1 逆势而上的发端

❖ 创业的艰辛

唐吉诃德的创始人安田隆夫是在父亲的严格教育下长大的,父亲甚至禁止他看 NHK 以外的电视节目。安田考入庆应义塾大学后迷上了麻将,靠在体力劳动者的聚居区打工赚取学费。当时日本的左派学生运动风起云涌,但安田没有参与进去。他的理由是自己已经是挥洒汗水的劳动者,不从事生产的学生们呼喊的口号在他看来不过是胡说八道。我认为此时的安田已然具备了彻底的现实主义商人的潜质。

安田 29 岁时在东京西荻洼开设了面积只有 18 坪的杂货店"小偷市场"(2006 年唐吉诃德的官方介绍中称杂货店的面积为 20 坪)。因为招牌上只能写下四个字,安田就给杂货店取了这样一个具有冲击力的店名。

杂货店开张后生意并不好。在一次又一次跌倒后,安田把目光投向了已停产的商品。已停产的商品沉睡在厂家和批发商的仓库中，在账面上被作为不良资产。即使作为资产持有这些商品，也没有任何意义。所以，安田相信他能用很便宜的价格从厂家和批发商手中买下这些商品。

安田用现金收购了这些经过账面处理的商品。对卖家而言，报废这些商品还需要支付额外费用，有人收购自然是好事，更何况还是不需要出具收据的现金交易。安田多次拜访厂家和批发商，终于成功收购了已停产的商品。

现在也有类似的事例。食品行业有着"三分之一原则"的惯例，指的是保质期过了三分之一的食品不能卖给零售店，零售店也不能把这些食品摆上货架。

我曾经与食品批发商打过交道。日本全国的中间商都会通过电话联系食品批发商，希望购买临期食品。于是，食品批发商就价格展开交涉，例如用每盒10日元的价格出售原价100日元的罐头，或者用每千克200日元的价格出售一吨冷冻肉。

如果能用10日元的价格采购原价100日元的罐头，似乎可以大赚一笔。但实际上交易的条件是必须大量收购。此外，想要盈利还需要具备销售能力。即便以20日元的价格销售这些罐头，只赚取10日元的毛利润，那么最终又能卖出去多少呢？卖不出去的罐头成为库存积压，过了保质期后还要耗费成本进行报废处理。

言归正传。安田收购了大量已停产商品后立即把它们都摆上了货架，并亲手书写了店内广告。这就是"压缩陈列"和"手写POP广告洪水"的发端。谈论唐吉诃德时这两个必不可少的词语就这样诞生了。

或许是偶然，"小偷市场"这一店名反而给店内堆积的折扣商品带来了奇妙的信誉。

❖ **从小偷市场到唐吉诃德**

小偷市场人气爆发，甚至有顾客询问取这样的店名是否真的是因为销售的商品是偷来的。

杂货店的走红还带来了副产物。安田是零售行业内最早瞄准深夜营业的老板之一。由于人手不足，小偷市场只能在深夜进行卸货作业，同时维持营业。令安田意外的是深夜有许多顾客前来购物。"深夜营业能赚钱"。安田看到了夜市的潜力。这也是偶然的发现。

安田之后成立了名为 LEADER 的批发公司，运用当时新颖的电话推销和传真营销取得了巨大的成功。安田曾透露，之所以使用电话和传真开展营销，是因为公司的男员工全都烫了卷发，实在无法拜访客户①。这位创始人似乎天生就有与零售业的既成观念背向而行的"本事"。

此后，安田决心回归零售业，于1989年在东京府中市开设了唐吉诃德1号店。自创立以来，唐吉诃德连续29年实现了增收增益。

唐吉诃德这一店名源自西班牙作家塞万提斯的同名小说中那位注重行动，不被常识束缚的主人公。公司的标志是吉祥物蓝色企鹅"Don Pen"坐在带笑的月牙上。

❖ 员工教育

在开设唐吉诃德1号店时，安田因员工不能理解压缩陈列而颇费了一番心血。无论他怎么做示范，员工都搞不懂其中的奥妙，提不起干劲。在这种情况下，安田找到的办法就是大胆地把权限委托给一线。

安田曾在与大型贸易公司的员工谈话时说："虽被称为大企业，但实际上就是个体商店的集合。"从这个意义上说，唐吉诃德似乎也可以算作个体商店的集合。

---

① 因为日本的黑社会组织成员多烫卷发，民众对烫卷发的男性形象抱有抵触感。

安田把采购权限完全委托给了一线，甚至为每名负责人开设了交易用的银行账户！在从事与采购相关咨询业务的我看来，安田的这一决定放在唐吉诃德取得一定成功的当下或许不值得大书特书，但在当时可谓是近乎鲁莽的英明。

每个企业都有决定供应商的特定流程，专业术语统称为RFx。RFx指RFI=Request for Information 信息请求，RFP=Request for Proposal 提案请求，RFQ=Request for Quotation 报价请求。在决定供应商之前首先必须了解对方的财务状况，进而要求对方提供诚实的商品方案，之后拿到对方为避免日后产生纠纷而附带详细条件的报价单，与市场价格进行比较。

这一系列程序不能一蹴而就。即便想把采购权限委托给一线，付诸实践后也不可能立竿见影。

实际上唐吉诃德曾多次发生采购价格高于其他店铺的情况。但这也可以说是"从失败中成长"的教育，员工们承受着压力在工作岗位上不断学习提高，直到取得成功。这一套经验和教训在唐吉诃德升华为员工教育机制。

说些题外话，作为咨询师的我认为要想让每名员工不惮于试错，大胆发挥出能力，员工本人要有动机。这个动机可以是提薪、升职，也可以是做出成果后担任更具挑战性的工作。如果笼统地告诉员工可以在试错中掌握新的技能，学到新的理论和方法，只要维持现状不发生问题，员工就不会为之心动。

我近来在本职工作中导入了机器人流程自动化（Robotic Process Automation，简称RPA）工具。通过学习自动化程序，我可以让软件机器人自动执行重复性任务。尽管企业的领导人想要导入RPA，但一线的反应并不热烈。因为一线员工认为即便不学习新技能，也不会影响到业绩考评。

工具正在不断地进化。但问题不在于工具，更重要的是要有使用工具的紧迫动机。

各家店铺共享POS数据是唐吉诃德的特点之一。正是因为员工认识到自己有责任把商品卖出去，才会产生使用POS数据的需求。最先大规模采用POS的是7-ELEVEn便利店。当时这在零售业是革新性的一步。零售企业通过POS数据可以掌握何时何地销售了什么商品以及销量。

虽然现在难以理解，但是以往销售额高的企业，库存量也理所当然地多。当时的思路是想要大量销售商品，就需要大量的库存。便利店的经营思路则是既不能出现断货也不能保有库存，这一思路使得便利店实现了销售额增长和库存削减。这也是把自家的POS数据与批发商、生产商共享带来的积极成果。

然而，能够出色使用POS数据的企业并不多。**POS数据毕竟是过去的数据**，是已然发生的结果，不能预测未来什么商品会畅销。对 POS 数据不能事务性地使用。只有在对销售商品抱有责任感的员工建立假说并跟踪数据时，POP 数据才能发挥作用。

❖ 否定连锁店

唐吉诃德对一线大幅放权，某种意义上任由一线"为所欲为"。这可以说是对连锁店理论的否定。那么到底什么是连锁店呢？

为了理解唐吉诃德的特殊性，这里对什么是连锁店加以说明。连锁店字如其意，其特征可总结为以下两点。

①拥有众多店铺

1 家店铺不能称为连锁。虽然不是准确的定义，连锁店是拥有大约 10 家以上店铺，并由总部统一管理。连锁店需要由总部制定品牌战略和店铺选址战略。

②店铺的业务形态相同

这一点也是理所当然的。拥有 5 家书店和 5 家自行车店，这 10 家店铺不能称为连锁店。只有开展的业务相同，连锁店才能统一采购，自有品牌企划、市场营销和广告战略才能成为可能。

连锁店有其缺点和优点。除了之前介绍过的大量采购可降低采购成本之外，连锁店还有以下优点。

③采购折扣以外的各种优惠

连锁店不是只能获得单纯的采购价格折扣。一些国外的大型零售企业在散发商品传单广告时会向生产商收取费用。这实际上就是零售企业有偿地为生产商做宣传。零售企业竟然向生产商和批发商收取报酬，这听上去有些匪夷所思，但在国外是很普遍的现象。

此外，当零售店的销售额达到一定的标准后，生产商和批发商会向零售店支付一定的金额以示慰劳。

另一方面，连锁店也有以下缺点。

④无法及时、准确掌握与地方特色相关的信息

在人们的印象中，具有代表性的便利店7-ELEVEn的选品在全国都是一样的，但实际上其选品因店铺的不同而存在相当大的差异。7-ELEVEn今后也将坚持店铺的半数以上商品要符合地方特色这一方针政策。

当然，从理论上说总部或许可以掌握各地顾客的喜好，指导各地店铺的采购，但实际上难以做到。如果完全由各地店铺分别采购，就发挥不出总部统筹的优势，连锁店将变得徒有其名。适当的平衡是至关重要的。

⑤店铺设计的问题

连锁店的店铺不能千篇一律。如果只开设大型店铺，在一些地区可能因顾客稀少而门可罗雀，员工无所事事。相反地，如果只开设小型店铺，则有可能竞争不过附近的大店。像唐吉诃德那样对卖场面积、选品和店铺规模等有着多种规格的做法才是有利的。

特别是各地店铺无法及时、准确掌握与当地特色相关的信息这一缺点，是唐吉诃德否定连锁店理论的一大理由。

另一方面，对连锁店理论也不能弃之如敝履。连锁店的基本思路目前仍是有益的。但是，对连锁店总部一元化管理制度持怀疑态度的不止唐吉诃德一家企业。

随着消费者喜好的多样化，总部统一决策的机制或许将难以维持下去。以美国为主，各国零售连锁行业已开始讨论这一问题。新的变化要求总部把决策权委托给一线，由店铺的采购负责人灵活应对。

即便对连锁店理论加以否定,课题依然存在。例如把权限委托给一线后,存在一线不考虑长期战略,只关注眼前销售额的弊端。举一个极端的例子,即便是完全卖不出去的商品,只要摆放在那里就有可能提高店铺的品牌力。

因此,唐吉诃德并非完全摒弃总部统一商品采购。如前所述,唐吉诃德的商品60%—70%由一线采购,其余部分由总部统一采购。总而言之,重要的是如何取得二者的平衡。

上述采购比例也是推行"单店主义""综合折扣超市"和"地区主义"的唐吉诃德给出的答案。

2 从业务解读唐吉诃德的战略

❖ 勤于思考的能力

上一节介绍了唐吉诃德不盲目相信连锁店理论的态度。我认为唐吉诃德具有"勤于思考的能力",不是原封不动地照搬常识,而是带着怀疑的态度去审视,并尝试打破惯例。结果,这在旁人看来是大胆的举动,对唐吉诃德而言不过是深思熟虑后的行动。

我们从人物传记中经常能读到革新者劝导有志者去做旁人反对的事。然而,**如果不能赚钱盈利,做被反对的事就没有意义**。简而言之,要做的是虽然被反对但能赚钱的事。况且对大多数人而言,只要他们认为能赚钱,就不会提出反对意见。

	旁人认为能赚钱	旁人认为不能赚钱
旁人赞成	★	志愿者活动
旁人反对	有违道德伦理的事	★

让我们以"赞成"和"反对"为纵轴,"能赚钱"和"不能赚钱"为横轴思考一下这个问题。旁人认为不能赚钱却赞成的事是志愿者活动,虽然能赚钱但被众人反对的应该是有违道德伦理的事,这里不对这两种事做深入讨论。

我们要思考的是两个★意味着什么。旁人当然支持他们认为能赚钱的事,赞成栏中的★无疑代表着已经被想到的或被实施的赚钱计划。反对栏中的★自然是旁人认为不能赚钱的、没有多少人真正会去实施的计划。在参与者不多的情况下,**偶然顺利实施计划者会取得巨大成功**。从这个意义上讲,革新者都是实施与他人意见相反的计划的确信者①。

唐吉诃德为什么不顾他人的冷嘲热讽坚持开展深夜营业?我认为这正体现了唐吉诃德的勤于思考。唐吉诃德具有怀疑零售店的常识,带着坚定信念前行的能力。

具有讽刺意味的是,其他零售店的平庸表现或许是因为对欧美的业界前辈们过于尊敬。当时欧美没有深夜营业的成功范例。所以,如果向崇敬神灵那样崇欧崇美,思维就会停止。现在日本仍有许多企业在借鉴欧美的成功范例。与此相对,唐吉诃德既不盲目相信欧美的理念和经验,也不盲目相信连锁店理

---

① 作者在这里玩了一个谐音文字游戏。"革新者"与"确信者"在日语中的发音相同,都是 kakushinsha。

论，而是凭借自身的平衡感构建了总部与一线的关系。我认为这是唐吉诃德成功的真正原因。

2014年消费税率上调后其他公司都实施了涨价。唐吉诃德却极力削减成本，商品售价反而下降，展现了其勤于思考的姿态。唐吉诃德降价的"粗暴举动"迷倒了众多消费者。

❖ 唐吉诃德的开店形态

唐吉诃德的勤于思考还体现在不对店铺设定整齐划一的规格。

唐吉诃德的店铺形态多种多样。除了唐吉诃德的店铺外，还有综合折扣超市MEGA唐吉诃德。此外还有MEGA唐吉诃德的缩小版New MEGA唐吉诃德、被称作小规格店铺的药妆店以及建材超市DOIT。

店铺类型	卖场面积	单品数	商品构成的特征	主要目标顾客
MEGA 唐吉诃德	8000m^2— 10000m^2	60000— 100000	以衣食住的实用品、食品和日常用品为主	家庭主妇和家庭顾客
New MEGA 唐吉诃德	3000m^2— 5000m^2	40000— 80000	服装以实用服装为主，生鲜食品较少	

续表

店铺类型	卖场面积	单品数	商品构成的特征	主要目标顾客
唐吉诃德	1000m^2—3000m^2	40000—60000	娱乐用品和美妆杂货	年轻人和情侣顾客
药妆店等小规格店铺	300m^2—1000m^2	10000—20000	特定商品（结合了药妆店、便利店和小超市的功能）	
建材超市DOIT	2000m^2—7000m^2	40000—80000	手工用品和家庭用品	手工爱好者和家庭顾客

摘自截至2017年6月30日的唐吉诃德公司官方介绍

从上表中可以看出，单品数多是唐吉诃德旗下各类店铺共同的特征。这意味着唐吉诃德有着广泛的目标顾客群体。

与唐吉诃德相比，MEGA唐吉诃德是以销售食品为主的综合折扣超市，定位与其他店铺不同。唐吉诃德的店铺以销售杂货和扮装游戏用品而令人印象深刻，MEGA唐吉诃德则以贴近生活的商品为主，面向家庭顾客。而且，MEGA唐吉诃德的食品卖得非常便宜，其目标是成为消费者生活中不可或缺的存在。

唐吉诃德标榜的"巨便宜"和"惊爆价"指的是售价与商品的价值相比相对便宜，并不是绝对便宜。我曾在唐吉诃德的店内用手机在亚马逊等网站上查询商品价格，尽管这种行为不受欢迎。结果发现许多商品在亚马逊的售价更便宜。

唐吉诃德在车站大楼内也开设了店铺。这种规格的店铺在设计建设时不考虑延长顾客动线，而是以短时购物为卖点。由此可以看出，唐吉诃德在实施开店战略时对如何适应不同规格进行着探索。

唐吉诃德的许多店铺继承了前任商户留下来的店面和设备设施，规模也不统一。反过来说，唐吉诃德**创造出了能应对不同面积的店铺规格**。成功收购长崎屋证明了唐吉诃德可以经营大型超市，并确立了在大荣撤资后留下的旧址上开设新店的模式。

顺便要说的是，日本以前有过《百货店法》。这项法律旨在保护小规模店铺，对百货店的开店加以管制。之后日本于1973年制定《大规模零售店铺法》，把百货店以及其他大规模零售店全部列为管制对象。此后又有与城市建设相关的三项法律出台，加速了城市建设的步伐。后来虽然出现了要求零售店履行社会责任并开展深夜营业的舆论，但开设大型店铺的难度大幅下降了。

此外，对某些特定业务的管制也逐渐放宽。譬如，以前的酒类零售业销售执照规定，销售酒水的店铺在地理位置上必须相隔一定的距离！之后关于距离标准的规定被取消。以前根据地区的人口数量发放卖酒执照，如今已不再设限。相比于以往，酒水销售变得容易了。

❖ 彻底的顾客主义

所谓"勤于思考"还有另一层意思。那就是把一般没有深刻含义的话语换成自己能接受的说法。例如人人都会说的"重视顾客",意思并不是要向顾客献媚,而是要考虑到顾客的立场。

安田隆夫在其撰写的《热情商人》(商业界出版)一书中这样写道:"在向员工委任权限时首先应该告诉他们要站在买家而不是卖家的立场上,思考'如果我是顾客会怎样',时常替换主语。"

我因为职业缘故经常去各式各样的店铺观察店员的工作情况。当被顾客询问商品是否有货或者商品的陈列场所后,店员的反应很能说明问题。几乎所有的店员都在回答"现在没货"之后便不再开口,顶多再加一句"对不起"。这一现象令我颇为惊讶。

我对这些店员的反应深感惋惜。为什么不能当场对顾客说"是否需要为您订货"呢?当然,大多数顾客会觉得与其在店里订货不如在网上购买更方便。即便如此,店员也应该可以向顾客介绍类似的商品。

听到店员回答"没货"后,顾客表示:"知道了,我下次再来。"实际上**顾客不会再来了**。这是对顾客的询问爱搭不理的必然结果。

店员难道不能告诉顾客"那家店可能有"吗？不管那家店是不是竞争对手。如果顾客询问的是他可能定期购买的商品，那么店员能否问一句"下次是否要为您留货"？

我曾抱着熟睡的孩子在东京的表参道①购买啤酒外卖。我从兜里掏出 1000 日元纸币，对店员说买售价 700 日元的啤酒和其他下酒零食。店员表示最便宜的下酒零食是 350 日元的薯条。我告诉店员，自己空不出手去拿钱包，想用 300 日元买半份薯条。店员回答说："我们店不能这么卖。"这样的事大概在全国各地都发生过。店员自己放弃了赚钱。

还有一次我在东京新宿的美容院理发，店员接到了电话。店员对电话那边说："您说的那一天已经预约满了，对不起，欢迎您再次光顾。"店员挂上电话后，美容院的老板不顾我还在场便对店员发了火。我的立场和这位老板相近，能够理解他为什么发火。店员为什么不能告诉对方"那一天已经预约满，但您如果今天来的话几点以后有空位"呢？既然想要理发，对方应该不会介意是今天还是明天。

此外，当顾客买了商品后，店员为什么不能问一句："您

---

① 表参道是东京涩谷区的一条时尚大街，许多国际知名品牌在此开店。

095

要不要尝试一下这款商品？"虽然大多数顾客都会拒绝，但应该有百分之几的顾客会购买。多问一句就能提高销售额，不需要任何广告宣传费用。麦当劳的店员会问顾客"您是否要配上薯条"，这是最有效的提高销售额的话术。

营销术语中有推荐其他商品的"交叉销售"和推荐高价商品的"追加销售"（又称向上销售）。不必把这些词想得很复杂，它们的意思不过是如果相信自家店铺的商品能给顾客带来幸福，那就积极地向顾客推荐。

很多时候顾客打开钱包想要购买商品，店员却错过了机会。有时候店员突然和顾客搭话会被顾客嫌弃。但是，询问是由顾客主动提出的。我认为，如果不珍视与顾客打交道的"真实的一瞬间"，零售业就该崩溃。

❖ 诱发顺便购买的重要性

所谓站在顾客的立场上考虑，无关乎伦理和商业道德，重要的是能提高客单价和复购率。这并不难理解。如果在一家店铺获得了舒心的体验，顾客就愿意再去消费。顾客第一次只消费了 100 日元，但感觉良好，再次来店时就有可能购买 10000 日元的家电。

唐吉诃德最新的财报显示客单价增长了1.8%。这是了不起的成绩。另一个值得关注的数据是客流量，增加了2.3%，增幅大于客单价。唐吉诃德解释称客流量增加是因为顾客多次来店。

企业追求的是销售额和利润的最大化。销售额可以用客流量×客单价×购物频率来表示。要想提高销售额，办法不外乎增加新顾客、提高客单价或购物频率，思路不同，所采取的对策也不同。

一般来说，与其增加新顾客，不如提高现有顾客的客单价，使其成为店铺的粉丝。采取后一种办法更能控制成本，不失为良策。

零售店有着1∶7∶2法则，意思是让顾客购买1件特价商品后顺便购买7件正价商品，如果可能的话购买2件高价商品，以此产生盈利。那1件特价商品被称为"亏损领导者"，发挥着以亏损价格吸引顾客的作用。如果顾客只购买"亏损领导者"，店铺将无从获利。

所以，交叉销售和追加销售极为重要，然而大多数店铺并没有想方设法提高销售额。好不容易有顾客前来购买1件特价商品，由于店员态度不佳，店铺非但未能扩大销售，反而使顾客连想要的那件商品都没有买就转身离去。这样的店铺并非不存在。

顾客在零售店购买的商品大多数都属于无计划购买,顺便购买看到的商品的可能性很高。顾客去超市购物也是一样,有时候会事先确定要买什么食品或特价商品;有时候则没有计划,去了再说。店铺因此需要具备向顾客推荐商品的能力。这一能力或许可以称为"脉络辨识力",对顾客购物脉络的辨识能力。

有时人们在亚马逊或乐天的网上商城浏览时会被推荐完全陌生的商品。来自店铺的意想不到的商品推荐令人感到惊奇和喜悦。无论是网店还是实体店,都不能没有令人惊奇的元素。

今后商家在向顾客提供商品时,需要让顾客体验到**与商品不期而遇的惊喜和拿在手上的真实感,这样的购物体验带有强烈的娱乐色彩**。Village Vanguard[①] 的书店就是一个典范。店铺要能唤醒顾客内心的潜意识。当顾客感到"我的确一直想要这东西"时,就会购买计划之外的商品。

站在顾客的立场上考虑能够带来实际利益。这一点需要不厌其烦地反复强调。

[①] Village Vanguard 是日本一家经营连锁书店的公司。其书店除了书籍之外还销售杂货,极富趣味性和娱乐性。

❖ 与铃木敏文的共同点

日本 7-ELEVEn 便利店的创始人铃木敏文与唐吉诃德的创始人安田隆夫有着奇妙的共同点。两人在创业前都没有零售业一线的工作经验。铃木大学毕业后就职于大型书籍批发商 TO-HAN 公司，跳槽到伊藤洋华堂后也没有从事过店铺销售。或许正因如此，他才能从消费者的立场出发，认识到与顾客打交道的"真实的一瞬间"的重要性。

此外，铃木与安田的共同点就是彻底的顾客主义。不少便利店经营者每天都吃自家店铺销售的便当。铃木也不例外，而且做得更彻底，在休息日也试吃便当。一旦他认为便当达不到上架标准，就会指示所有的 7-ELEVEn 店铺将其下架。指示发出后 20 分钟内各店铺就完成了下架。

通常情况下，下架商品牵扯到如何挽回生产成本、运输成本，加盟店铺的采购费用由谁承担等堆积如山的问题。但这些都不过是不想下架商品的卖家的理由，没有考虑顾客的感受。如果顾客吃了不满意的便当，结果会怎样？顾客也许再也不会去 7-ELEVEn 购物。从全局上考虑，立即下架不合格商品的做法更能减少损失，保证商品的信誉和对顾客的吸引性。

在日本，购物者一般被称为"客人"。唐吉诃德则把购物者称为"顾客"。奉行顾客至上的唐吉诃德还别出心裁地把"卖场"改称为"买场"。这体现出了始终站在顾客的立场上，不断思考顾客想要购买什么商品的姿态。

❖ 与官方的角逐

顺着顾客主义的脉络，让我们梳理一下唐吉诃德与官方的角逐。在日本，想要开展革新性的服务就必须与政府的管制作斗争。我认为，在与官方角逐后仍然能坚持顾客主义，这是创新型企业的一个标志。

为此，让我们来回顾一下唐吉诃德与官方的角逐。

1999年《药事法》虽然被修订，但只允许零售店销售营养口服液等药品。2006年该法再次修订，按照风险等级把一般医药品分为一到三类①。经政府登记的零售商可销售第二类和第三类医药品。

现在消费者随时可以从亚马逊购买第一类医药品，不必像以往那样要在药剂师在岗的时间去药店买药。

---

① 日本法律规定的第一类医药品指的是副作用风险较高的药品和新药，只能由药剂师向购买者进行问询后才能销售。第二类医药品是有中度副作用的药品，包括感冒药、止痛药、脚气药等，由药剂师或有销售资质者销售。第三类医药品包括眼药水、肠胃药、营养剂等，由药剂师或有销售资质者销售。

销售第一类医药品时，药剂师必须向顾客说明相关信息。为了符合这一规定，亚马逊聘用了药剂师在线与顾客互动，判断能否出售医药品并提供使用须知。如果当初没有唐吉诃德与官方的角逐，不与药剂师见面便可购买第一类医药品的情况就不可能出现。

唐吉诃德于2003年开始销售医药品。开展这项服务的契机是有身体不适的顾客深夜来店想要买药。由于当时零售企业普遍认为只有药剂师与顾客面对面时才能销售医药品，所以有意思的是顾客在唐吉诃德买药时需要与药剂师进行视频通话。

当时发布的资料显示，唐吉诃德并非只使用视频通话销售第一类医药品。各家店铺配有药剂师，当药剂师不在岗时，顾客可以使用药品专柜的视频电话向药剂师中心进行咨询。

由于药剂师人手不足，药剂师不在岗时全部医药品卖场就必须关闭。对此许多顾客向唐吉诃德的店铺和总部提出了迫切期望和建议，要求改善现状。为了遵守《药事法》，店铺的员工不得不反复向顾客解释："药剂师不在岗，无法销售医药品。"顾客被布帘挡在柜台外排队。有抱着感冒的孩子的顾客愤怒地质问店员为什么不能卖药；还有眼睛红肿的顾客恳求店员出售眼药水，但店员不得不拒绝。这样的情况屡屡发生。

政府的主管部门厚生劳动省反对在药剂师不在岗的情况下

出售医药品。准确地说，厚生劳动省并不是直接反对，而是暗示了在药剂师不在岗的情况下出售医药品的违法性。一般的企业可能会就此选择自我设限。唐吉诃德则选择了抗争的道路。

法律有成文法和不成文法之分。日本采用的是成文法制度，美国则是不成文法制度。不严谨地说，成文法是用文字规定所有的法律法条，不成文法则是用法院判例规范社会。我年轻时感到不可思议的是，日本上司经常会说"政府不尽早出台新法律的实施标准的话，我们会很为难"，但从没有听到过美国人这么说。美国人只要对法律解释抱有自信，就敢于不看政府的脸色开展新业务。

归根结底，这是扎根于习惯中的成文法和不成文法的问题。很多情况下政府部门也无法做出判断，只能表示"存在违法的可能性"。

从某种意义上讲，在政府制定行业规则之前就开始提供服务的唐吉诃德与不成文法制度下的美国企业相类似。但站在唐吉诃德的立场上看，其做法不过是实践了顾客主义。

因为有受疾病困扰的顾客来店，唐吉诃德想出了一条妙计，考虑免费提供医药品。既然是免费提供，就不能算作销售。然而，厚生劳动省对此也不予接受，指出此举仍有可能违法。

但是，日本存在着奇怪的双重标准。例如在乘坐旅游大巴时，车上的导游向身体不适的乘客提供晕车药是否违法？患了感冒的政客乘坐专车时，其助手给他感冒药是否违法？我曾经在参加电视节目时遇到一位专家，这位专家因不习惯上电视而紧张到要拉肚子。在他因担忧节目录制而无比焦虑时，我能否给他治疗拉肚子的药？

旅游大巴上的导游和政客的助手应该没有药剂师执照。至少我没有这个执照。唐吉诃德内部曾经有人开玩笑，让店员穿上自家店内卖的乘务员制服给顾客拿药。

厚生劳动省宣布唐吉诃德通过视频电话卖药有违法之嫌，舆论却倾向支持唐吉诃德。之后厚生劳动省召开专家会议，决定允许限时的视频电话卖药。

我在此想到了日本个人快递市场的开拓者、已故的雅玛多运输公司的名誉董事长小仓昌男。以讨厌与政府机关打交道而知名的小仓从不顾忌规定和惯例，坚持"为了顾客"的理念，推出了各项服务。

为了持续开展新的服务，小仓不惜与运输省正面对抗。1983年的"P尺寸事件"尤其为人津津乐道。P尺寸指的是2千克以下的轻量货物。当时运输省迟迟不批准雅玛多开展P尺寸货物的快递业务。雅玛多预料到了这一点，"和往常一样，运输省打算把问题搁置起来"（都筑干彦著《生于底层的宅急便》，日本经济新闻出版社）。在获得运输省批准之前，雅玛多便在报纸上刊登广告，宣布将提供P尺寸快递服务。之后，在推出服务的前一天，雅玛多再次刊登大幅广告，宣布"因运输省迟迟不予批准，服务开始时间不得不延期"！这一战术立竿见影，运输省马上就批准了。

或许这是极端的看法，但在日本想要践行顾客主义，就必须与不合理的规章制度和既得利益者的保护势力作斗争。像唐吉诃德和雅玛多这样不惜斗争的姿态最起码也具有参考价值。

下一节将从唐吉诃德的经营指标和公司框架出发进行解读。

3 解读唐吉诃德如何赚钱

❖ **用非常规采购压缩成本**

首先要探讨的是直接关系到盈利的"成本压缩"。

唐吉诃德创立时发明的采购并高价销售已停产商品的模式逐渐进化,扩展为从流通于市场的便宜货中发掘商品加以销售。这一方法作为成功的范式在唐吉诃德扎根。行业内把唐吉诃德的采购方式称为"非常规采购",相关商品属于非定期采购的商品。

非常规采购商品的价格便宜,比定期采购的常规商品更能赚取毛利润。唐吉诃德的商业模式不如说是**把常规商品与非常规采购商品一同销售,从整体上确保毛利润**。压缩陈列也是作为诱导顾客购买高毛利率商品的手法而沿用至今。

如何高效地采购非常规商品是极为重要的。如果可能的话,必须迅速发现商品,立即与供应商洽谈并使其马上供货。但是,由于唐吉诃德对一线放权,总部并不统筹全部采购事宜，各家店铺要分别与供应商交涉。

这就发生了问题。为了符合当地消费者的喜好，以各家店铺分别采购商品为宜。然而，供应商前往各家店铺进行商洽的效率极其低下。况且，商洽的方式方法也因店而异，供应商全部适应下来要费很大一番工夫。

此外，当供应商因地理或时间上的原因不能前往店铺时，店铺就有可能无法采购有望大卖的商品。一些报道曾提到过，供应商因唐吉诃德作为交易对象过于费时费力而发出感叹。

为此，唐吉诃德率先在行业内采用了网上洽谈系统，使用平板电脑等与供应商交涉采购事宜。因为非常规采购并不普遍，即便是规模比唐吉诃德更大的制造业企业都很少采用类似的网上洽谈系统。

❖ 压缩陈列的成本评价

压缩陈列的目的是最大化地陈列顾客想要拿取和购买的商品。该如何评价压缩陈列的成本？

大量陈列商品有助于实现零库存。由此空出的仓库面积可以被用来增加卖场面积。

一般的零售店在顾客行进方向的前后左右视野范围内陈列

商品。压缩陈列不仅在水平方向上陈列更多商品，还垂直拓展了陈列空间，对上层货架也加以利用，大大提高了坪效。

此外，压缩陈列还可以减少店铺运营成本。在许多书店，书架的底端是储藏柜，用来存放书籍。这样设计是为了方便店员取书，不必频繁地往返于卖场和仓库。仅这一项设计就能相当可观地提高工作效率。

唐吉诃德的压缩陈列减少了库存管理的工作量。而且，大量陈列商品还可吸引顾客的眼球。商品实在陈列不下时就整箱放在货架顶端。

压缩陈列还非常适合那些继承了前任商户店面及设备的店铺。在这样的店铺，如果想要把商品陈列得井井有条，就需要重新进行内部装修。采用压缩陈列则没有这个必要，直接使用原有布局和设备即可。这对压缩成本也有帮助。

现在的大型超市还被定位为物流基地。有的超市一层是卖场，二层是仓库。然而，唐吉诃德的压缩陈列则好像是在仓库内部陈列商品，使之变身为卖场。

需要注意的是，唐吉诃德的优势并不在于绝对库存量少，而是在于把仓库面积当作卖场面积有效加以利用，以及减少运营成本。

❖ 运营成本的比较

让我们看看唐吉诃德在运营成本方面具有怎样的优势。下面的图表是唐吉诃德与另外两家零售巨头永旺、7&i 的对比。图表是由我根据 2018 年 9 月撰写本书时的财报制作而成的。

三家公司的成本、销售管理费、营业利润对比

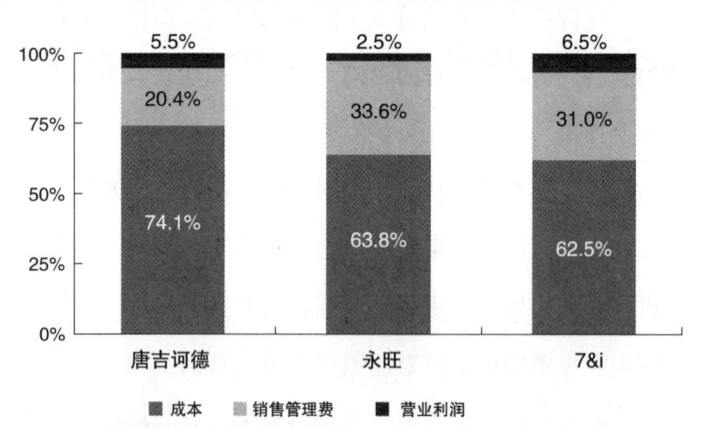

	唐吉诃德	永旺	7&i
营业利润	5.5%	2.5%	6.5%
销售管理费	20.4%	33.6%	31.0%
成本	74.1%	63.8%	62.5%

摘自：唐吉诃德控股2018年6月财务决算　　整体损益表和综合收益表营业利润
　　　永旺2018年2月有价证券报告书　　　整体损益表和综合收益表
　　　7&i控股第13期有价证券报告书　　　整体损益表和综合收益表

图表中以总销售额为 100%，显示了成本、销售管理费和营业利润所占的比例。成本大概是包括采购费用等支出。从图表上可以看出，采购无数商品、标榜惊爆价的唐吉诃德的成本率相应地较高。就这一点来说，永旺和 7&i 望尘莫及。

有趣的是运营成本的对比。销售管理费又称作销售费或一般管理费,指的是与销售相关的各项支出及共同支出。如图表所示,唐吉诃德的销售管理费比例被压缩至20.4%,在三家企业中最低。

永旺、7&i的销售管理费比例均未大幅超过30%,并不算高。

最后让我们看看营业利润率。营业利润就是主营业务利润。因销售管理费比例较低,唐吉诃德的营业利润率得以与其他两家巨头比肩。使用货架服务型供应商等提高运营效率当然也对营业利润率产生了积极影响。

本小节只讨论了运营成本这一项指标。下一小节将涉及是否有效利用了总资产和自有资产等综合性指标。

❖ 与其他零售业巨头的财报对比分析

我把永旺、7&i以及其他零售业巨头的利润率,与唐吉诃德进行了比较。所采用的均为截至2018年9月的财报数据。我选择了5项指标,制作了以下的图表。

企业名	营业利润率	自有资产比例	总资产利润率（ROA）	自有资产利润率（ROE）	总资产经常利润率
①永旺	2.5%	12.2%	0.3%	2.2%	2.4%
②7&i 控股	6.5%	44.2%	3.3%	7.6%	7.1%
③迅销	9.5%	52.7%	9.1%	18.3%	14.7%
④山田电机	2.5%	49.8%	2.6%	5.2%	4.1%
⑤UNY 全家	2.2%	31.4%	2.0%	6.4%	1.7%
⑥三越伊势丹控股	1.9%	44.9%	-0.1%	-0.2%	2.1%
⑦高岛屋	3.7%	42.4%	2.3%	5.6%	3.8%
⑧唐吉诃德控股	5.5%	36.0%	5.0%	13.3%	7.9%
⑨H2ORetailing	2.5%	42.2%	2.3%	5.4%	3.7%
⑩Bic Camera	2.8%	34.9%	3.9%	11.7%	7.1%

摘自：①2018 年 2 月期有价证券报告书　⑥2018 年 3 月期有价证券报告书
　　　②2018 年 2 月期有价证券报告书　⑦2018 年 2 月期有价证券报告书
　　　③2017 年 8 月期有价证券报告书　⑧2018 年 6 月期有价证券报告书
　　　④2018 年 3 月期有价证券报告书　⑨2018 年 3 月期有价证券报告书
　　　⑤2018 年 2 月期有价证券报告书　⑩2017 年 8 月期有价证券报告书

从这十大巨头中再筛选出各项指标排名前三的企业。

除了自有资产率这一项外，唐吉诃德跻身其他 4 项指标的前三名。

如前所述，营业利润率是指主营业务的利润率。总销售额-采购成本-销售管理费=营业利润。排名第一的迅销公司非常强大，其营业利润率高达 9.5%。排在第二、第三位的分别是 7&i 6.5%、唐吉诃德 5.5%。

自有资产率是股东资金在企业总资产中所占的比例。一般来说自有资产率越高，企业就越安全。永旺的自有资产率之低令人瞠目结舌。其他9家企业的自有资产率相差不多。

总资产利润率（Return on Assets，简称ROA），又称总资产回报率，是总利润与总资产额的比率，代表了企业利用资金进行盈利活动的基本能力。自有资产利润率（Return on Equity，简称ROE）是总利润与剔除银行贷款等资产之后的自有资产额的比率。我认为总资产利润率更能反映企业的盈利能力。这是因为除了股东外，银行也向企业提供了资金（商业贷款）。

总资产利润率和自有资产利润率中，含有营业外利润和特殊利润。在剔除这些特殊因素后得出了总资产经常利润率。

关于唐吉诃德未排在前列的自有资产率，仍有讨论的余地。之前刚提到过，自有资产率越高，企业就越安全。但是，背负巨额贷款的企业如果具有盈利能力，且贷款利息低，自有资产率低并不一定会导致负面评价。

如何评价自有资产率，取决于企业是否具有还贷能力和业务扩大计划是否妥当。一些企业的有价证券报告书显示，贷款后开展可盈利性业务的企业不在少数。如果主营业务坚挺，有信用，即使企业自有资产率很低也会被评价为具有高超的资金筹措能力。实际上，自有资产率低的唐吉诃德正在扩大店铺，扩充新商品，并积极果断地投资IT等业务。

从图表中的各项经营指标可以看出，曾被认为是二流企业的唐吉诃德创造出了比零售业先行巨头还优秀的业绩。这就是其他零售企业依赖或钦佩唐吉诃德的原因所在。

4 用4P和5F分析法解读市场营销战略

❖ 市场营销的4P

我们已经知道唐吉诃德具有优秀的盈利能力。想要赚更多的钱，就必须在市场上扩大销售。扩大销售的关键在于各店铺的吸客能力。扩大店铺规模后若是吸引不来顾客，经营就无从谈起。唐吉诃德的高知名度当然有着吸客作用。本节将介绍唐吉诃德如何使用市场营销手段吸引顾客扩大销售。

零售企业的传统市场营销方法可以总结为4P。

1. Price＝价格

2. Place＝场所

3. Promotion＝广告宣传

4. Product＝选品

首先，让我们看一看第一个P，Price价格。

围绕价格，大致有两种销售宣传方法。第一种是"每天低价"（Everyday Low Price，简称EDLP），标榜顾客任何时候来店都能遇到最低价。第二种方法被称为"高低价"（High and Low Price），意思是限定时间内降价销售商品，时间过后恢复原价。

沃尔玛采用的是第一种宣传方法。日本人惯用第二种宣传方法，毕竟超市散发的特价商品传单广告在生活中随处可见。两种方法无所谓孰优孰劣，如何选择取决于零售企业的政策。

虽然宣传"每日低价"，但实际上对名牌商品实施降价有着相当大的难度。高价销售名牌商品反而有可能提升其魅力。"高低价"也有其难点。对于那些顾客已习惯低价格的商品，店铺很难再提价。

唐吉诃德的模式是在食品部门实施"每天低价"以吸引顾客，诱导顾客到其他楼层的商品卖场顺便消费。既然标榜"惊爆价"，唐吉诃德自认基本上长期保持了低价。

但有意思的是，唐吉诃德有许多顾客不曾见过的商品，难以判断价格是否真的优惠。尽管如此，顾客仍然觉得唐吉诃德的价格便宜。重要的是购物带来的快乐。唐吉诃德向顾客宣传展示的不单单是商品的低价格。

唐吉诃德的创始人安田隆夫在其撰写的《热情商人》一书中出色地总结道："如果所有的商品都惊人地便宜，生意就做不下去。顾客也不是真的期待所有的商品都便宜。顾客追求的始终是超出期待的低价、丰富的选品以及购物的快乐。关键在于我们的店铺在顾客眼中是否洋溢着'惊人便宜的感觉'。"

接下来讨论第二个 P，Place 场所。

在谈论唐吉诃德的经营战略时必须提到其开店方式。安田隆夫在其书中披露曾为开设第一家店铺饱尝辛苦。现在唐吉诃德开设的新店铺中许多是延用前任商户的店面。

有的商户因经营困难而退租，留下了店面和硬件设备。唐吉诃德租用这样的店面开设新店。因为前任商户当初开店时选的就是相当理想的地理位置，唐吉诃德便继承了这一优势。租用这样的店面开店可以节省成本。唐吉诃德收购长崎屋后利用原有建筑开设了综合超市，之后便不断采用这种"旧瓶装新酒"的方式在各地开店。例如在购物中心内开设鹿儿岛宇宿店，在旧超市的基础上开设四日市店，利用旧量贩店的建筑开设小松店，在旧弹子球店里开设长冈高速公路出入口店，在银行的旧址上开设新宿东口本店（新宿歌舞伎町店），等等。唐吉诃德把这种开店方式称为"解决方案式开店"。

解决方案原本是面向企业的营销活动，有一个词经常被用到，叫"解决方案式营销"。供应商不单单是向企业销售产品，还销售企业所面临的问题和苦恼的解决方案。解决方案式营销属于提案型营销，在 IT 企业之间尤其常见。

以销售平板电脑为例。除了硬件外，卖家还把平板电脑定位为公司内部的联络工具，销售一系列使用方案。解决方案营销向企业宣传的不是平板电脑自身的功能，而是使用平板电脑能解决什么问题和达到什么效果。

买电钻的人真正想要的不是电钻本身，而是钻出的孔洞。电钻作为商品被销售，但顾客想要的是使用商品后产生的效果。

唐吉诃德所说的解决方案式开店名副其实，可以为有关各方解决问题。假设购物中心内的一家入驻商户想要退出，邀请唐吉诃德代替入驻。这家商户和购物中心希望通过唐吉诃德的入驻得到什么呢？

对计划退出的商户而言，唐吉诃德入驻可以使其免于缴纳违约金。对购物中心内的其他商户而言，唐吉诃德入驻有望带来吸客效应。购物中心还可以借唐吉诃德的入驻提高知名度。

企业之间开展解决方案式营销时，如果唐吉诃德主动提出希望入驻，就要支付高额的租金。等对方伸出橄榄枝后再进行营销更有效率。凭借其吸客能力，唐吉诃德能以便宜的租金入驻。双方的谈判也会迅速得出结果。不仅是唐吉诃德，其他标榜巨便宜的知名企业应邀入驻购物中心时也会享受诸多优惠。

这里就购物中心做一些补充（有着漫长通道的购物中心

称为商城）。日本购物中心内的商铺面积和开店数量在 2007 年至 2008 年达到峰值，之后呈下降趋势。

此外，购物中心入驻商户的合同期限平均约为 6 年。在许多店铺即将迎来合同到期的时候，唐吉诃德开始实施解决方案式开店。可以说唐吉诃德的决策无论好坏都符合了时代的特征。

唐吉诃德开设 1 号店时，土地的拥有者拒绝向其出租地皮。如今解决方案式开店的畅行无阻印证了唐吉诃德炙手可热的现状。

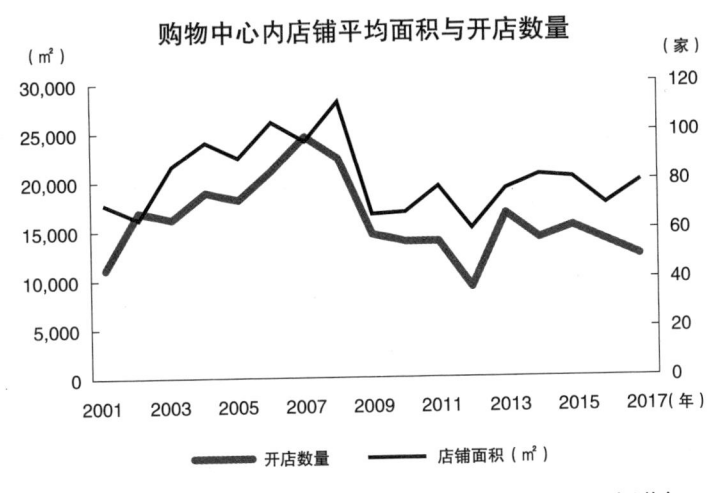

购物中心内店铺平均面积与开店数量

数据来自日本购物中心协会

这里补充说明一点，百货店面临着比购物中心更加严重的困境。20 世纪 90 年代初，日本的泡沫经济破灭。之后 20 年百货店的年销售额从 9 兆日元下降至 6 兆日元。入驻百货店的各类商户今后也将苦不堪言。

未来我们可能会看到唐吉诃德式的综合折扣超市频繁地在百货店的旧址上开店。

下面要说的是第三个 P，Promotion 广告宣传。

很多人都看过唐吉诃德的电视广告吧。但看过唐吉诃德报纸插页广告的人很少。广告宣传费少是唐吉诃德的特点和强项之一。

实际上，从 2010 年起唐吉诃德就废除了纸质传单广告。传单广告宣传的是当天或当周的特价商品。许多顾客为了购买特价商品而来店。然而，唐吉诃德基于中长期考虑，做出了使用传单广告吸引顾客的策略并不可取的判断。其想法是巩固现有的忠实顾客群体，把低价销售赚取的利润用于商品开发。唐吉诃德认为这样做的盈利性更高。

我认为这是**超越了顾客主义的、极度现实主义的想法**。相比于吸引新顾客，唐吉诃德优先考虑的是为粉丝们打造店铺，培养回头客，在中长期获得更大的顾客终生价值。

唐吉诃德为争取顾客而推出的 majica 会员制度值得从广告宣传的角度加以介绍。诞生于 2014 年的 majica 如今会员数量已经超过 670 万人。

majica 是能在唐吉诃德集团旗下店铺使用的电子支付卡。向卡内每充值 1000 日元即可获得相当于 10 日元的 10 个积分，返点率为 1%。该卡在长崎屋和建材超市 DOIT 也可使用。消费者可用 100 日元在店铺购买 majica 卡，也可下载 APP，登录后可获得 100 日元的积分。经常到唐吉诃德购物的消费者使用该卡很快就能回本。

去过唐吉诃德的人应该见过店门口设置的发券机。发券机与 APP 联动，读取手机显示的二维码后发放优惠券。

如果购物金额在 1001 日元以上，出示 majica 卡可免去个位数金额，最多可优惠 9 日元。

majica 会员为唐吉诃德贡献了 30% 的销售额。

关于第四个 P，Product 选品，之前已经有所介绍。

唐吉诃德的特点是除了常规商品外，还巧妙地引进非常规商品。非常规商品包括生产商已停产的商品和型号落后的商品。非常规商品的采购价格低得惊人，能够确保毛利润。

唐吉诃德还会根据地方的特色和时机推出"有趣好玩儿"的商品。顾客会带着寻宝的感觉来店购买。唐吉诃德的高妙之处就在于此。

❖ 5Forces 分析法

一直以来唐吉诃德都采取了非常精明的企业战略。若想了解详细情况，需要先纵览唐吉诃德所处的环境。我为此采用了"**5Forces** 分析法"。**5Forces** 分析法由美国管理大师迈克尔·波特提出，其作用是掌握与分析企业所处的行业结构，为企业制定日后的发展战略提供启发。

5Forces 分析模型非常有名，读者可能也曾读到过。**5Forces** 分别是：

1. 同业竞争
2. 新参与者的威胁
3. 替代品（服务）的威胁
4. 顾客议价能力
5. 供应商议价能力

从 **5Forces** 分析的结果中可以看出，或许出于偶然，唐吉诃德始终采取了精明的企业战略。

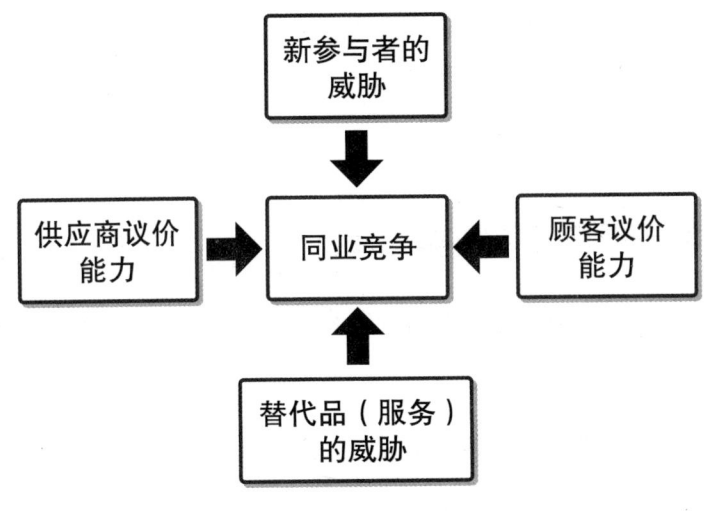

```
        ┌─────────┐
        │ 新参与者的 │
        │   威胁   │
        └────┬────┘
             ↓
┌─────────┐  ┌─────────┐  ┌─────────┐
│ 供应商议价 │→ │ 同业竞争 │ ←│ 顾客议价 │
│   能力   │  │         │  │   能力   │
└─────────┘  └────┬────┘  └─────────┘
                  ↑
        ┌─────────┐
        │替代品(服务)│
        │  的威胁  │
        └─────────┘
```

5Forces 分析示意图

1. 同业竞争

从综合折扣超市的角度来看,唐吉诃德在摆出与同行竞争的姿态的同时转移了战场。如前所述,通过深夜营业和极具个性的选品,唐吉诃德成功脱离了行业内的竞争。

2. 新参与者的威胁

唐吉诃德通过不断进行再投资,打造了自有品牌,凭借大量采购降低商品价格,并推出了带有会员 ID 的支付卡。如今同等规模的零售企业很难复制唐吉诃德的业务。只有像 Village

121

Vanguard 这样风格迥异的企业才有可能参与进来。可即便是这样的企业，也不过是在杂货销售方面与唐吉诃德有着相似性，严格地说不能算作参与者。

3. 替代品（服务）的威胁

能提供替代服务，与唐吉诃德展开竞争的与其说是综合折扣超市，不如说是时间消费型的日本环球影城（USJ）和迪士尼乐园。可见想要替代唐吉诃德，需要具备相当强大的实力。通常在人们的心目中，可替代唐吉诃德提供服务的应该是百货店或超市。现实情况却是百货店和超市处于依赖唐吉诃德的状态。

4. 顾客议价能力

如果唐吉诃德的商品与其他零售店相同，则毋庸赘言。实际上顾客去唐吉诃德是为了寻找其独有的商品，议价能力自然不强。

5. 供应商议价能力

唐吉诃德通过自有品牌商品削弱供应商影响力的过程之前已有说明。

介绍 5Forces 分析也是为了给下一章做铺垫，揭示出唐吉诃德并没有站在传统零售业的战场上。在我看来，唐吉诃德转移了战场，**正在尝试创造"前所未有的零售店"**。

这一尝试的关键词就是在讨论替代品的威胁时提到过的"时间消费"。我推测唐吉诃德想要打造的不是销售物品的零售店，而是销售休闲娱乐时间和体验的店铺。因此，作为游乐园的日本环球影城有可能给唐吉诃德构成威胁。下一章将就此做进一步的说明。

❖ 实现增收增益的因素

本章探讨了唐吉诃德实现增收增益的诸多因素。这些因素包括否定连锁店理论、顾客主义、不惜与官方抗争的行动力、利用货架服务型供应商等等。

换句话说，唐吉诃德之所以成功正是因为贯彻了"二流"风格，时而采用不合理的战略。通过贯彻二流风格，唐吉诃德实现了与其他零售企业的差别化。这是值得肯定的。

目前日本的年商业销售总额约为 442 兆日元，其中批发业约为 302 兆日元，零售业约为 140 兆日元。但是其中包括汽车零售店和燃料零售店的销售额。虽然没有准确数字，但估计唐吉诃德涉及的市场规模达到100兆日元,其自身的年销售额约为1兆日元,占到了1%。

用彻底的二流风格,通过零售获得1%的市场份额,这就是唐吉诃德的成功模式。

有位图书编辑曾对我说:"满座电车的一节车厢里有一百个人,只要能让其中一人买书,这本书就能畅销。"1%的比例虽然不大,但如果基数是日本的总人口[①],数量就超过了100万人。这句话非常具有启发性。

有喜欢唐吉诃德的人,自然也有不喜欢的人。譬如,我的母亲就从来不去唐吉诃德。她不习惯店内杂乱无章的氛围。岳母却觉得唐吉诃德很有意思。我的妻子也不喜欢唐吉诃德,但孩子总想着去逛店。

唐吉诃德有着热情的粉丝,也有着强烈的反对者。哪怕粉丝比例只有1%也足以欣慰了。

通过贯彻二流风格实现增收增益。这是一个悖论。在我看来,唐吉诃德有着不少值得学习之处。

[①] 日本政府2021年8月发布的估算结果显示,日本的总人口为12530万人。

第 3 章

领跑零售业的唐吉诃德

1 什么是零售业

❖ 零售业的5个功能

当今时代,人们漫步街头就能买到任何商品。在百货店的地下卖场,陈列着从北海道到冲绳的地方特产。酒水区内有日本清酒、地方品牌啤酒、烧酒以及欧洲的葡萄酒可供挑选。

零售业到底有什么样的功能?我认为大致可以归纳为以下5点。

1. 消除地点差异

很多情况下生产者与消费者不存在于同一空间。消费者不会在工厂或农地居住。零售企业在距离消费者近的地方开设店铺,消除了消费者与生产者之间的地点差异。

2. 消除时间差异

农作物一年收获一到两次。工厂大规模生产商品。生产与消费（购买）存在时间上的差异。零售企业通过使批发商发挥中介作用，或利用自己的仓库和货场，消除了生产与消费的时间差异。

3. 消除数量差异

消费者购买的商品数量有限。与大宗买家相比，消费者在议价能力等方面处于不利地位。零售企业代表消费者大量采购，消除了购买量的差异。

4. 消除信息差异

生产者不掌握消费者的信息。反之亦然，消费者也不知道生产者的信息。零售企业介于两者之间发挥着信息流通的作用。零售企业把消费者的需求和变化传达给生产者，并把生产者的信息告诉消费者，消除了双方的信息差异。

5. 消除能力差异

消费者一般不具备鉴别商品的质量和成本的能力，也不可能在购物时每每调查生产企业的经营状况或社会信誉。零售企业代表消费者，作为专业的采购方对商品和供应商进行调查，消除了人的能力差异。

除了上述功能外，零售业的存在还能消除消费者与企业之间在金融条件上的差异。消费者使用现金或信用卡购物，而企业之间可以使用支票等进行交易。信用度高的企业实际上能够以便宜价格购买物品和服务。消除金融条件差异或许可以包括在消除数量差异的功能之内。

如上所述，零售企业不仅为自身赚取盈利，还提高了消费者的便利性。这就是零售业存在的意义。

根据所售商品的不同，零售企业可分为综合型零售企业和专业型零售企业。譬如，综合超市属于综合型零售企业，酒专卖店等属于专业型零售企业。举个容易理解的例子，在普通人的印象中，综合型零售企业拥有消费者喜欢的知名大牌的啤酒，专业型零售企业则销售种类繁多的地方品牌啤酒和进口啤酒。

然而，上述分类只是概念性的。我们可以想象一下商店街，有的店铺不在采购上下功夫，陈列的都是没有特色的商品。反之，综合型零售企业中也有努力打造特色卖场的店铺。

此外，还可以按照是自助服务还是面对面服务来进行分类。由此看来，唐吉诃德既是传统的综合型零售企业，也可以算是经营大量奇葩商品的专业型零售企业。唐吉诃德采用自助服务，同时也重视待客。总而言之，这是一家不能被简单归类的企业。

❖ 零售业的现状

零售企业发挥着上述作用，被顾客认同其存在价值，并以高于采购价的价格销售商品。

如何才能进一步提升零售企业的价值？

读者有没有想过超市为什么要自己制作食品？在超市的后厨，除了切肉等浅加工外，员工还制作炸肉饼、生鱼片和便当等食品。有的超市还手工捏制寿司。

问题的答案是比起单纯地销售食材，把食材制作成食品后再销售，售价能提高数倍。因此，尽量把食材加工成食品，销售额就会随之上升。这是超市行业的一项"发明"。但是，超市自己加工食品当然也存在风险。那就是卖剩下的食品不得不被丢弃，造成浪费。

在人口增长的时代，零售企业总能卖出商品。那时的零售企业不用认真动脑筋就能提高销售额。然而，人口出现减少后，顾客数量也随之下降。如果单靠以往的经营方式，零售企业的数量将会下降，这个不难想象。如今已经不再是把食材加工成食品就能卖出去的田园牧歌时代。

实际上，零售企业数量是否真的在减少？从商业统计调查[①]数据中可以了解店铺数量的变化。就结果而言，店铺数量呈下降趋势（图3-1）。

与个人店铺相比，企业店铺的比例在扩大（图3-2）。

虽然店铺数量减少了，店铺平均卖场面积却有所增加。导致这一现象的原因在于零售企业认为提高销售额的最快办法是增加卖场面积。然而，卖场的效率趋于下降，也就是说，单位卖场面积的销售额在减少。1994年单位卖场面积的年销售额为95万日元，2014年减少到63万日元。

此外，人口动态也给零售企业带来巨大影响。随着人口的减少，购买商品的消费者也随之减少（图3-3）。

众所周知，日本是人口减少国家。日本已经过了人口高峰期，总人口正在减少。家庭户数虽然增加，但增加的多是单身家庭。**需要采取比以往更细致的措施应对人口减少。**

[①] 商业统计调查是日本经济产业省主导的一项调查，旨在了解各行业各地区的从商人员数量和商品销售额等情况，掌握全国的商业现状。

图3-1 零售店铺数量

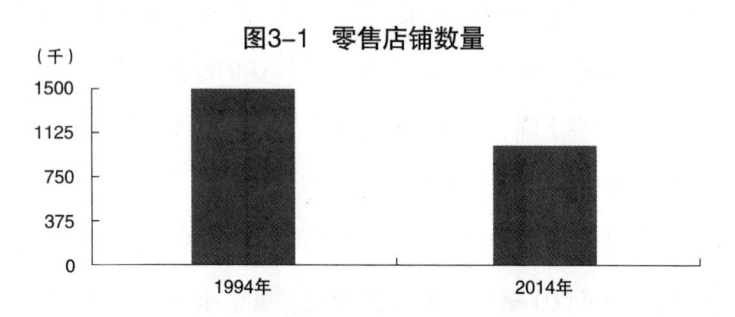

图3-2 个人店铺与企业店铺的比例

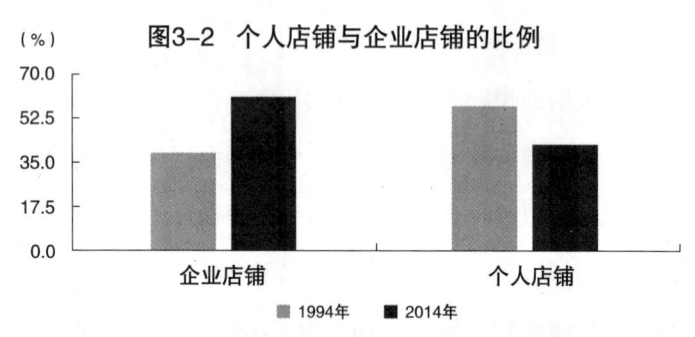

图3-3 日本的总人口与一般家庭数量

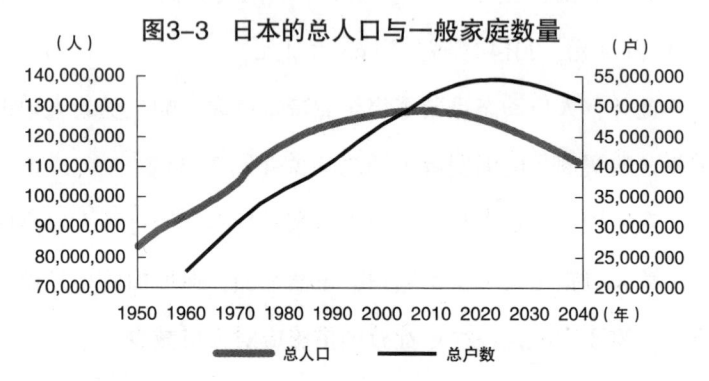

*图中各项数据出自国立社会保障和人口问题研究所、经济产业省。
*以国立社会保障和人口问题研究所发布的数据为主。
这是因为在该研究所的数据中出生人数和死亡人数均采用中位数。

为此，日本正通过技能实习制度①和招收日语留学生来增加实际上的移民。然而，无论是好是坏，技能实习生和日语留学生只能在日本短期居住。具有讽刺性的是，如果日本不能大胆地改变政策采取移民制度，人口将持续减少。

这一现状促使人们重新思考零售业该何去何从。

---

① 日本的技能实习制度实际上是以传授技能为名义，招收亚洲发展中国家的年轻劳动力赴日本从事简单的体力劳动。有关外国实习生被限制行动自由、被克扣工资等遭受不公正待遇的报道屡见不鲜。

2 快速解读零售业的发展历程

❖ 连锁店的诞生

那么，零售业将面临什么样的未来？为了思考这一问题，让我们简单回顾一下零售业的发展历程，并对现在的趋势作一番了解。

就大致情况而言，以往日本的零售店数量多且规模小，对消费者造成不利影响。那时只有商店街之类的小规模零售业，不但选品少，价格也绝不便宜。

另一方面，在美国发展起来的综合超市以大量备货、连锁经营和价格便宜为特征，除了食品外还开创性地销售众多日用品。

而且，美国的消费者拥有汽车，能自己开车来店购买大量的食品。超市行业随着生活方式的变化而发展进化。

外国的大型零售企业很早便取得了显著发展。关于其原因有许多理论。最具说服力的是外国零售企业迫不得已大型化。

在食品依赖进口的国家,大资本需要建立起能大宗购买食品后低价向消费者销售的体系。

日本的情况则不同。虽然目前日本按照热量计算的食品自给率仅为38%,但曾被作为主食的大米的自给率却很高。此外,许多从地方迁入大城市的人成为商店街的店主,作为小规模零售业主而自立,导致日本零售企业的大型化滞后。

虽然落后于美国,但是日本的零售业仍实现了现代化。想要了解日本零售业的现代化历程,需掌握以下几个关键点。

① 出现了和美国同行一样以低价为卖点的连锁店。大荣就是这一变化的象征。

② 技术革新提高了零售业的效率。

③ 不仅有单店,还诞生了巨大商业设施购物中心和商城。

购物中心的诞生意味着人们的消费行为从"物"的消费,向重视服务和体验的"事"的消费转变。这是新的关键点。

下面逐点进行说明。

❖ 关键点①-1 大荣的飞跃发展

说起低价销售,就不得不提到大荣。大荣的创始人是中内功。和唐吉诃德一样,大荣的许多经营方法也是在偶然中发现的。

创业伊始,大荣便把点心零食装在透明塑料袋中销售。商品的包装量少,价格随之下降。顾客如果不满意,还可以退货。在听取了顾客的意见后,大荣开始销售肉类、香蕉和苹果等商品。

由于顾客对这些商品有着很大需求,所以购物频率增加了。加之价格便宜,大荣吸引了大量顾客。大荣用低价商品诱导顾客顺便购买毛利率高的商品。这就是现在折扣店的盈利原理。

大荣采取总部集中管理的方式开展连锁店运营。随着业绩一路上扬,大荣筹划以既有店铺为担保贷款购买房地产,在日本全国开设店铺。通过进一步扩充选品,开展大规模的低价销售,大荣成为日本零售业的龙头企业。

然而,急速扩充商品品类最终导致了大荣的失败。但也不能否认大荣**扩充选品引来了许多竞争对手的关注**。在大荣的成长阶段,扩充选品起到了积极作用。进入商品过剩的时代后,大荣不得不与各类商品的量贩店展开竞争。在商品推荐能力和店员知识水平等方面,大荣都存在短板。

大荣虽然失败了,但中内功留下的功绩仍然值得高度肯定。在中内功采取扩充选品战略的那个时代,许多尝试打造专卖连锁店的企业都失败了。中内功当时做出了符合时代要求的正确选择。

此外，本书中屡屡涉及唐吉诃德对一线放权。读者或许会以为只有把权限委托给一线才是正确的做法。然而在日本，与放权相对立的连锁店经营方式到现在仍然是有效的。

以前，连锁店的各家店铺需要按照订货单检查从批发商或生产商采购的商品数量是否一致，工作效率极差。总部统筹采购改善了这一状况。此外，店铺要解决商品质量的问题也需要总部介入。在没有 IT 系统的时代，总部在选择采购商品、与供应商议价等方面发挥着重大作用。

因此，过去的经营者们为了企业的成长而学习连锁店理论。在二战后经济复苏到经济高速增长的时代，日本处于物资贫乏的状态，零售企业必须学习如何才能大量采购。用低价格打动顾客是重中之重。

❖ 关键点①-2　追求社会主义的伟人中内功

我曾读过中内功在 1966 年 11 月期《销售革新》杂志（商业界出版）上发表的文章，当时受到的震撼至今难忘。文章的标题是《超市即脱衣舞场论》，其内容不只是零售店主的主张。

中内功认为,超市既然带有"超"字,那就要名副其实地超越市场。他愤怒地指出,超市已堕落成了单纯的销售者。在中内功看来,百货店销售的是虚假的美好。与之相对,超市应该成为"脱衣舞剧场",杜绝虚假,要具有冲动性,走大众化道路。

中内功认为:"美好诞生于年轻女性跃动的身体。这种美好与当代人的心理应该是完全相符的。"他主张把超市彻底脱衣舞场化。

在中内功看来,对于百货店里那些被虚假笼罩的商品,消费者享受一下视觉愉悦就可以了。而脱衣舞场化的超市就是要以赤裸裸的价格提供商品。

中内功甚至在其著作《我的低价销售哲学》(1969年,日本经济新闻出版社)中写道:"革新性的流通企业在其背后觉醒了的消费者大众的支持下走向革命。"做出这一论述的完全不像是大企业的社长,而简直就像是主张经过社会主义革命走向共产主义的马克思主义者。

中内功还表示"要建立苏维埃",宣称"应该先在大阪和神户建立流通革命的苏维埃,然后向各地扩大"。

中内功把马克思主义的劳动阶级换成了消费者大众,把敌人从资本家换成了大生产商，试图独自一人挑战世界。革命的武器就是低价商品。他所追求的是建立以消费者大众为核心的世界。

当今的零售企业经营者中有没有像中内功这样有思想、能发表战斗言论的人物呢？

顺便提一下，中内功撰写《我的低价销售哲学》一书是在1969年。之后，因大荣的业绩恶化，中内功于2001年辞去了公司的全部职务。强势魅力型领导人中内功离职后，大荣再也没能重整旗鼓。2004年10月，大荣放弃自主重组，向政府的产业再生机构申请了救济。

我对《我的低价销售哲学》中的一些文字印象深刻。中内功主张，为了赢得战争，"需要增设连锁店……与其打造豪华店铺，不如增加卖场面积。店铺就是战争的基地，基地的数量决定战争的胜负"。他还参照毛泽东的革命理论，提出"我们的目标是完成'民族'（流通企业）独立，而不是在'外国'（生产部门）建立殖民地"。

实际上，唐吉诃德的创始人安田隆夫对中内功扩大业务的志向持批判立场。在经济形势良好时，大荣扩大业务的盈利模式尚能顺利开展。一旦土地价格下跌，购买房地产扩大店铺以求发展的策略就会被打乱。近年来大荣被指出店铺老旧，令消费者敬而远之的事实就极具启发性。

永旺于 2013 年向大荣注资，2015 年 1 月将后者收为全资子公司。目前大荣仍具备的优势是拥有中内功掌舵时在大城市的便利地段购买的土地。这些土地对永旺而言也是有助于在大城市强化竞争力的武器。

直到大约 30 年前，"大学毕业生一般会拒绝 JUSCO[①]、伊藤洋华堂和西友的内定，选择到日本最大的零售企业大荣就职"（2006 年 10 月 16 日期《日经商务周刊》）。曾几何时，大荣的员工还把永旺视为低一档的企业。然而随着时代的瞬息万变，如今优秀的大学生对另类企业唐吉诃德趋之若鹜。

此外，不只是商业模式，服务的形态也发生了变化。

在经济增长陷入停滞的日本，消费者对服务的要求已不再仅限于价格便宜。消费者对待日用品的态度也是一样。1985 年，日本的大型广告公司博报堂针对"大众"创造了"分众"一词。如果把日本的消费趋势分为三个阶段，第一个阶段是消费者购买种类稀少的大众化商品的时代。第二个阶段出现在 20 世纪 80 年代。如"分众"一词所示，商品被细分为众多品类，消费者开始有自己的喜好。社会理论家托

[①] JUSCO 是永旺的前身，在中国曾被译为"吉之岛"。该品牌于 2013 年 3 月完全退出历史舞台。

斯丹·凡勃伦①将购买名牌包和设计精美的商品的消费行为称为"炫耀性消费"。

目前处于第三个阶段，消费者开始追求与众不同的商品。**消费者从分众变成个人，销售的商品必须反映每个消费者的需求**。

有多少读者最近曾在综合超市购买过内衣？综合超市似乎变成了附近消费者专门购买食品的场所。现在一些消费者甚至连食品都改从网上购买。取代综合超市向单身顾客销售便当和加工食品的便利店的生意，通过 24 小时营业，便利店还发挥着社会基础设施的作用，提高了其存在感。

❖ 关键点②-1　自助服务销售方式的发展

在大荣乘着日本经济高速增长的浪潮发展壮大的时候，以大量选品、连锁经营和低价销售为特征的综合超市在美国方兴未艾。对日本零售业而言，美国的零售企业起到了先行者的作用。

---

① 托斯丹·凡勃伦：Thorstein B. Veblen，1857—1929 年，美国著名社会理论家和经济学家，被公认为制度经济学的创始人，著有《有闲阶级论》《企业理论》等书籍。

美国的综合超市给日本零售企业的创始人和经营者们带来了重大影响。综合超市的显著特征不仅是大范围的选品，还在于广泛涉足房地产等不同的行业和领域。美国的 Sears[①] 等零售巨头也开展保险业务。这些零售巨头通过多方面把握商机提高品牌力，销售自有品牌商品，笼络美国民众进行消费。日本零售企业经营者梦寐以求的零售业前景，在美国早就成了现实。

自助服务销售方式的发明对综合超市的发展起到了不可代替的作用。自助服务在现在看来毫不稀奇，但在当时是应运而生，替代面对面服务的创新。

实行自助服务可减少店员数量，压缩店铺运营成本。同时，自助服务的创新性还在于提高了顾客的客单价。可以想象，与身边总有店员跟随相比，顾客当然更愿意自由自在地逛店，亲手触摸并挑选商品。

Macy's[②] 百货店最早采用了大量采购西服，按尺寸陈列，由顾客自行挑选的销售方式。这种自助服务销售方式随后在连锁店得到普及。

---

① Sears 是 1893 年创立于美国芝加哥的百货店，以开展目录邮购零售业务而闻名于世。

② Macy's 是 1858 年创立于美国纽约的连锁百货店，设在曼哈顿的旗舰店曾经是全球最大的百货店。

然而，面对面销售并非就不如自助服务销售。现在仍有一些高端品牌采用效果更好的面对面销售方式。如前所述，自助服务销售需要在货架和陈列上下功夫，否则会给顾客挑选商品造成不便。

而且，开展自助服务销售还需要考虑购物篮的放置场所，开发便于使用的购物车等问题。能让顾客自由自在逛店的店铺设计和动线设计也至关重要。此外，有必要建立无断货的商品检查机制，对于库存管理和商品的温度管理等工作也需要下功夫做足。

在日本最先采用自助服务销售方式的是纪之国屋[①]超市。1953年，纪之国屋在美军基地内为一家店铺供货时发现该店已经是自助服务。纪之国屋由此得到启发，开始在自家店铺实行自助服务销售。自助服务的高效性为人所知后，这种销售方式逐渐扩大到日本全国，如今已是理所当然的事。

❖ **关键点②-2　科技的发展**

零售企业实行彻底的顾客主义，催生了众多科技成果。

[①] 纪之国屋：紀ノ国屋、Kinokuniya，是在东京开展业务的高端连锁超市，创立于1948年。日本还有一家创立于1927年的著名连锁书店"纪伊国屋书店"，其简称"纪伊国屋"的发音与"纪之国屋"完全相同。

本章已经介绍过超市为什么要自己制作加工食品，也提到了管理食品报废损失的必要性。POS（Point of Sales）和价格敏感度测试（Price Sensitivity Meter，简称PSM）的发明为解决食品浪费问题提供了助力。

POS系统也被称为销售时点信息管理系统。譬如，便利店的收银机获取销售信息后，将信息传送到总部，对顾客需求进行实时分析。运用总部收集到的销售数据还可以对未来的需求进行预测。

7-ELEVEn便利店于1982年率先在日本采用了POS系统。对追求效率的便利店而言，运用POS可以最大限度地扩大畅销商品的销售，找出商品滞销的原因以促进新商品开发。

同时，7-ELEVEn便利店运用POS数据对门店的销售额和各单品的销量进行管理，并实现了库存的"可视化"。便利店陈列着3000—3500种商品，其中过半数商品要在短时间内被替换，相关情况会直接在POS数据中得到反映。

有的商品一天就能卖出10个，有的商品几天才能卖出1个。使用POS系统能够定量地确认所有商品的销售情况，实现高效的采购。在POS诞生之前，采购是"相对的"，凭借的是"如果某种商品相对好卖，那就多采购"之类的感觉。

POS将感觉变成了"绝对的"数字。库存直接影响到现金流。与美国相比，POS数据在日本得到了更彻底的应用。除了现金流的问题外，美国的仓储成本低，当时导入POS便于零售企业大量存储商品。此外，从历史上看，美国的商品生命周期比日本的要长。

此外，把需求预测和销售计划衔接起来的是价格敏感度测试（PSM）。PSM就是组合不同的价格，了解消费者可接受的价格范围，为商品或服务制定合适的价格。一般情况下商品的价格越便宜，顾客的购买量就越多。即便高价格导致销量减少，但只要能实现利润最大化就不存在问题。

例如，为了尽量减少熟食的废损，超市经常在傍晚时段给熟食贴上降价标签。在什么时间降价，降价百分之多少，需要经过无数次的验证。

PSM可通过试销和消费者问卷调查的方式实施。近来出现的测试方式是使用多份网上问卷统计不同点击数量的A/B测试。为了解消费者的反映，部分问卷含有故意误导的内容。这种测试又被称为分割登载测试。

在进行PSM的同时，还要判断竞争对手是否会在同一时间销售竞争性商品，研究商品的销售流通渠道，制定销售计划。

此外，零售企业不仅要在同一门店内，同一企业内，还要跨越企业与供应商合作制定需求计划，预测需求，以及补充库存（共同预测销售）。这一系列合作简称为 CPFR，即 Collaborative Planning, Forecasting and Replenishment 的略写。通过在零售店和供应商之间共享 POS 数据，双方的合作得到进一步强化。共享的数据包括顾客购买了什么商品、购买量、相关销售信息等。

CPFR 还涵盖了零售企业与供应商的深度业务合作。如果商品的库存过剩或者丧失了销售机会，对供应商和零售企业都不利，所以双方开展合作可实现双赢。有意开展 CPFR 的两家或多家企业签订业务合作协议和保密协议，除了共享销售信息外，还共同制定市场营销计划和宣传活动计划，实施生产和库存补充。

有了零售企业付出的汗水和努力，我们才能在全世界最便利的零售店购买到低价商品。我们能有舒适愉快的购物体验，要归功于各家零售企业对业务的改善。

❖ 关键点③-1　购物中心的诞生

第 2 章提及的购物中心和商城的发展历程及谱系有助于我

们对零售业的考察。

购物中心也是诞生于引领商业发展趋势的美国。第一家购物中心于1956年在明尼苏达州绍斯代尔开业。

购物中心不单是集结了店铺。其复合化功能使各家店铺更容易吸引顾客,有着振兴当地经济,打造贴近当地社会需求的生活舞台的意义。购物中心还通过举办活动为社会做贡献,并发挥着联系当地居民的纽带作用。

顺便提一下,日本购物中心协会对购物中心做出了严密的定义(请参考http://www.jcsc.or.jp/sc_data/data/definition)。下面是定义全文。

"购物中心由开发商制定计划并实施开发,需要具备以下条件。

1. 零售店的总面积在1500m^{2}以上。

2. 除主要入驻商户外,非主要入驻商户数量在10家以上。

3. 如果有主要入驻商户,其面积不能超过购物中心面积的80%。非主要入驻商户中零售店总面积在1500m^{2}以上的不在此限。

4. 拥有入驻商户协会(商店会)等组织,共同进行广告宣传,共同举办活动。"

然而,顾客不能马上确定一个被称为购物中心的商业设施是否符合上述条件。除了定义上的购物中心外，还存在着实际生活中的购物中心。

虽然不被称作购物中心或商城，但日本一些车站前的住商混合大楼的内部或地下空间入驻有许多店铺，为车站的使用者提供餐饮及其他服务。

20世纪60年代在日本出现了大型商业设施，类似于现在所说的购物中心。这些设施配有大型停车场。和美国的购物中心一样，日本的大型商业设施也提出了与当地社区共存共荣的理念。地方政府也利用这些设施开展城市建设。

把零售店集中在一起便于消费者购物，因而便有了商店街一类的形态。只要去商店街，就可以买到任何需要的商品。按照同样的逻辑，综合超市进化成了购物中心。

20世纪80年代到90年代，无论好坏，在泡沫经济刺激下的日本逐渐从"物"的消费，向重视服务和体验的"事"的消费转变。购物中心不再限于销售商品，还开始发挥引领生活方式和充当商务基地的功能。时至今日出现了六本木Hills、东京中城日比谷这样的不能简单归类为购物中心的综合性商业大厦。

❖ 关键点③-2　商城的重要性

除购物中心外，本书中还提到了"商城"这个概念。"商城"的英文是 Shopping Mall。Mall 的原意是通道。商城中的店铺沿着通道开设，使顾客在走动的过程中进行消费。

在亚洲的机场经常能看到这种通过控制动线来引导人们消费的模式。在亚洲的许多机场，旅客走出出境边检通道后就能看到成排的免税店。在一些机场，沿着入境后的漫长通道也开设了免税店。

不管是购物中心还是商城，只要顾客进入后就会受到支配。这可以说是幽闭环境的特征。

在出色的购物商城，**鞋类卖场和装饰品店铺会隔着通道相向设置**。如此安排是为了让试鞋的顾客在等待店员寻找合适尺寸商品的几分钟内看到对面的店铺，产生买完鞋后去那家店逛逛的想法。

此外，**在女性感兴趣的店铺附近设有男性喜欢的体育用品店铺**。这样，陪女友逛店不耐烦的男士们就有了脱身的借口。在带孩子的妈妈们感兴趣的卖场附近一般会有游乐区，其目的是让妈妈利用爸爸陪孩子玩耍的空当进行消费。

因此，卖场设计自有其用意。虽然在唐吉诃德的店铺里很少能看到椅子,但其实在女性用品卖场放置椅子也有助于提高销售额。椅子是为陪同逛店的男士准备的。能坐下休息,男士们就不会催促离开了。

购物中心必须让顾客感到有趣。要让消费行为带有趣味性。消费者对购物中心的这种娱乐性抱有预期。

❖ 关键点③-3 购物中心商业模式的变化

泡沫经济的破灭也给购物中心的商业模式带来了不可磨灭的影响。在泡沫经济破灭之前,购物中心的土地价格持续上涨。而在经济前景不透明的时代,如何有效利用土地实现盈利成了开发商要重视的问题。入驻购物中心的商户同样也面临着如何盈利的问题。

泡沫经济破灭时,许多购物中心的开发商破产。因为存在保证金的问题,入驻购物中心的商户不能一走了之。

保证金是指商户为入驻购物中心而向开发商支付的一笔费用。开发商利用保证金建设购物中心。保证金类似于押金,通常情况下租赁合同到期后会退还给商户。

但是,开发商破产后无力归还保证金。如果商户在合同期内退出,则要放弃相当一部分的保证金。有的商户中途解约后分阶段领取归还的保证金，开发商破产后便没有了下文。

生意好的入驻商户尚可支撑下去，生意不佳的商户不得不退出购物中心。保证金问题的发生为修改开发商与商户的租赁合同提供了契机。

购物中心和其他商业设施一样，如果只向入驻商户领取定额租金，则商户的生意好坏与购物中心无关，那么购物中心整体上就没有追求更多盈利的动力。于是便有了把店面租赁合同中租金收取方式改为按销售额比例收取的方案。这样一来，商户和开发商就能共同运营购物中心。

这里值得一提的是 2000 年实施的定期租房制度。该制度的适用对象不仅限于普通出租房屋，还包括购物中心的开发商与入驻商户。定期租房制度规定，合同期满后入驻商户必须退出。这一规定虽然存在缺陷，但对开发商而言有利于排除劣质商铺，促进优质商户入驻。

第 2 章中介绍过的唐吉诃德的"解决方案式开店"，就是在定期租房制度的背景下逐步扩大的。

3 零售业的前途

日本的零售业经历了上述历史变迁。下面将探讨零售业今后的发展方向。有两个关键点。第一点是零售业进一步促进科技进步，追随全渠道化趋势。第二点是从"物"的消费向"事"的消费转型，进而为应对"事"的消费需求而全力打造实体店。

❖ **新关键点①　全渠道化**

今后实体店与网店的结合将至关重要。在这个趋势中，零售企业正在整合实体店与网店等其他销售渠道，推行与顾客保持联系的全渠道化经营。

所谓单一渠道零售指的是顾客在同一家店铺购买和拿取商品。读者可以想象一下在商店街购物的情景（图3-4）。

交叉渠道零售指的是顾客在网上购物后去店铺拿取商品（图3-5）。

此外还有多渠道零售。顾客同样可以到店铺拿取网购商

图3-4 单一渠道零售

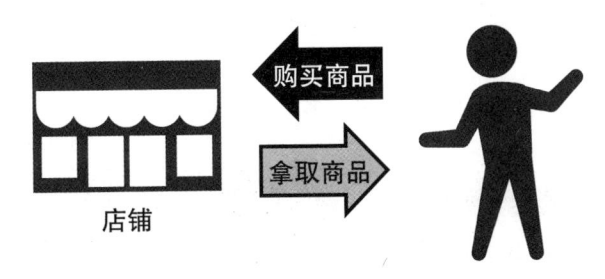

图3-5 交叉渠道零售

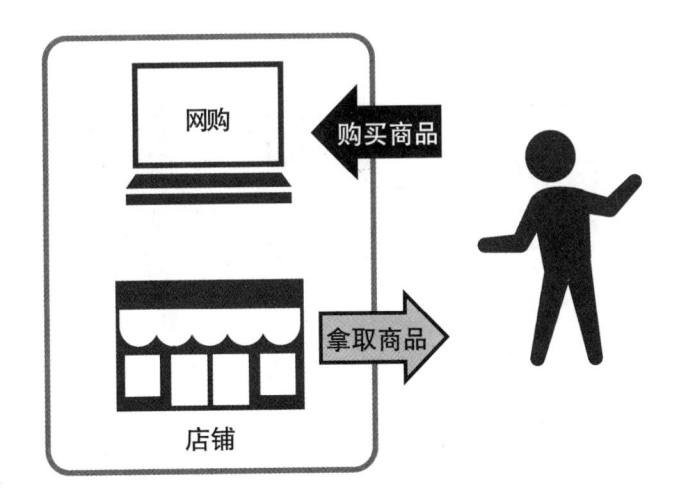

品。如果由于太重等原因无法带走在店铺购买的商品，顾客可以选择配送服务，在家收取商品。利用多渠道零售，顾客可以自由选择购买和领取商品的场所（图3-6）。

此外，在全渠道零售的时代，消费者使用智能手机等终端设备就能购物，通过社交网络等渠道获取商品信息。夸张地

153

说，今后全渠道零售将渗透到人类的所有活动之中，为消费者购物提供全方位支持（图3-7）。

图3-6 多渠道零售

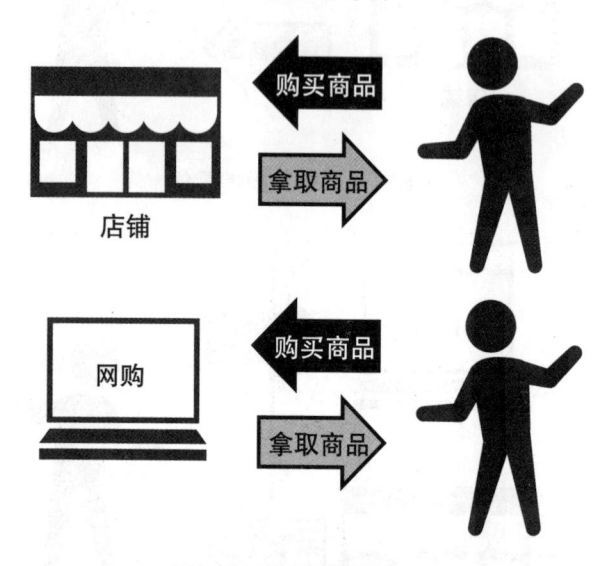

图3-7 全渠道零售

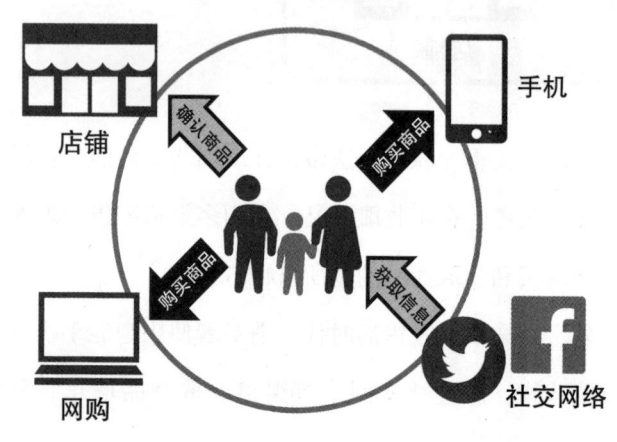

例如消费者在看电视时发现演艺人员穿的夹克很好看,于是便用手机搜索,进入人气品牌的网店下单购买,第二天附近的配送公司便把商品送到家中。全渠道零售的目标就是实现购物场所、媒体和手段的无缝衔接。

❖ **新关键点②-1　从"物"的消费到"事"的消费**

让我们把目光再次投向购物商城。商城的新颖之处不仅在于购物体验,还在于消费者可以在里面打发时间。

儿童在购物商城内吵闹也不会惹来旁人发火。商城是能进行"事"的消费,夸张地说是能进行时间消费的场所。时间消费的标志之一就是商城内有电影院。与综合超市不同,商城内有许多专卖店。

永旺梦乐城幕张新都心就是一个显著的例子。这个商城内有东映英雄世界(2017 年关闭)和职业体验主题游乐园 Kandu 等娱乐设施。我曾带孩子去过四次。在东映英雄世界购买果汁和面包等"物品",实际上就是购买与孩子在一起的时间。

商城还可以分为几种类型,从取名上就能看出对体验的侧重。而体验的类型又可以按照"游乐""宠物""活动""家庭"等生活方式加以划分。

从"物"的消费向"事"的消费转型，这并不是什么新鲜的表述，已经说了有几十年了。我想要强调的是，在遵循从"物"的消费向"事"的消费转型这一基本趋势的同时，零售企业今后将致力于打造**应对时间节约型消费、能短时间完成购物的店铺**。

"事"的消费就是体验消费。自古以来便有旅游，戏剧和游乐园，从花钱买体验的意义上讲，旅游、看戏和逛游乐园都可以算作"事"的消费。

同样的道理，虽说实体店将成为卖点，但实体店不过是早已有之的店铺，只是换了个说法而已。零售企业所说的"从'物'的消费向'事'的消费转型"，其真正意思是让消费者"通过购物体验进行'事'的消费"。

例如，购物中心内陈列的是"商品"，而零售店想要向消费者宣传的则是通过使用商品而拥有的"生活方式"。如果销售商品的是有魅力的店员，消费者的购物体验就是对店员产生的"憧憬"。简单地说，零售店销售的是"符号"。这就是从"物"的消费转为"事"的消费。购物中心就是进行符号消费的场所。

在"事"的消费的语境下，有观点主张人们购物是为了打发时间。这种观点认为，物质发达国家的消费者已经不满足于单纯的购物，他们需要的是能够打发时间的场所。我认为这种观点有些极端。

人们的消费行为当然在变化。然而，消费行为因人而异。即便是同一个人，也存在想要打发时间和不想打发时间的不同情况。网购的普及难道不就是因为消费者想要缩短购物时间吗？

正因如此，购物商城虽然属于时间消费型设施，但不能让顾客漫无目的地乱逛，而是为那些想要高效率消费的顾客准备快捷通道，帮助他们快速到达目的地。商城内的环形通道也设有近道，为顾客提供最短路径。

宜家的店铺也是一样。宜家是拉伸顾客动线、在店内开设餐厅、延长顾客停留时间以增加销售额的典范。然而，也有人和我一样，难以忍受冗长的购物过程。所以，为了迎合这样的消费者，宜家开设了能够快速到达收银台的便捷通道。

我在介绍唐吉诃德的店铺设计时曾指出，顾客在店内停留的时间是否越长越好，取决于店铺向顾客诉求的是什么。便利店的诉求点是能够快速购买多种商品的便利性。与走遍商店街的每家店铺相比，消费者去便利店购物能大幅节省时间。

唐吉诃德也意识到了这一点。例如在岐阜县大垣市新开设的大垣高速公路出入口店，其广告宣传文案就是"一家应对顾客来店目的，短时购物型与打发时间型相结合的店铺"。

据唐吉诃德介绍，为了便于目的不同的顾客逛店购物，大垣高速公路出入口店内以卖场中央2.5米宽的通道为界，分为短时购物区和打发时间区。短时购物区对应平常的购物需求，追求便利性，商品陈列清晰，以惊爆价销售日用消耗品、日配品等生活必需品。

此外，打发时间区销售服装、聚会用品、名牌商品。符合唐吉诃德独特品味的商品种类丰富，能让顾客带着寻宝的感觉享受充满娱乐色彩的购物体验。为满足顾客不同的需求，唐吉诃德有意识地划分了卖场。

❖ **新关键点②-2　实体店购物与网购的区别使用**

上一小节总结了"物"的消费与"事"的消费相结合的重要性。经常有人主张实体店零售应该向网店或数字化零售转型。我认为不要完全相信这种主张。

在分析苹果和亚马逊等公司为何成功的《互联网四大：亚马逊、苹果、脸书和谷歌的隐藏基因》[①] 一书中，有着这样

[①] 《互联网四大：亚马逊、苹果、脸书和谷歌的隐藏基因》一书的作者是美国纽约大学教授Scott Galloway，英文原版书名为 *The Four：The Hidden DNA of Amazon，Apple，Facebook，and Google*。日文版书名为《the four GAFA 四騎士が創り変えた世界（四骑士改变世界）》，由东洋经济新报社出版。

有趣的叙述。

"苹果的店铺比 GAP 的店铺还要华丽。几乎所有的专家都对此摇头。这些专家说实体店已经过时,互联网才是未来。史蒂夫·乔布斯难道看不到这一点吗?(中间省略一部分)

苹果店铺的确改变了高科技行业,并把苹果产品升格为高端商品。

iPhone 让苹果扩大了市场份额,但提升品牌形象和利润率的则是店铺。(中间省略一部分)

知名企业经营的店铺就是其品牌的神殿。苹果店铺每平方米的销售额约为 5000 美元,在零售行业高居首位。"

通过实体店扩大品牌知名度,提升品牌价值,网上销售额也随之增加。年青一代喜欢网购。这一判断对错参半。读者应该都知道一个事实,如今在音乐产业,与演唱会相关的销售额要高于音乐软件带来的销售额。

年青一代普遍使用智能手机,**但这并不意味着他们只追求线上的闭环世界**。年青一代渴望接触现实。但并不是什么样的店铺都能满足他们的需求。以演唱会为例,年青一代想要获得感动、归属感和怦然心动的感觉。店铺也是一样。年轻人逛店是为了寻求新奇和感受特异空间。

不知读者最近是否对同事说过"这家店很有意思",而不是"这个商品很有意思"？主张从销售商品向销售体验转型的言论甚嚣尘上。然而，能提供消费者想要的体验的店铺却几乎没有。

店铺今后将不再是向消费者介绍商品性能的场所，而是演变为传递购物的快乐的场所。手机游戏《宝可梦GO》不是在家里玩的，而是要走上街头与他人进行交流，因此才获得了巨大成功。

极而言之，店铺存在的目的已不再是销售商品，而是吸引顾客前来。对店铺感到满意的顾客，就会像购买门票一样购买商品。如此颠倒的思维正是现在所需要的。

店铺甚至只需要装点一些商品的样品，顾客挑选后用手机扫描二维码就能跳转到厂商或亚马逊的网店。店铺可通过向顾客提供餐饮赚取现金，还可以采用代销商品收取手续费的盈利方式。

❖ **新关键点②-3　实体店独有的优势**

我以前曾网购过儿童纸尿裤。孩子长大以后，网店仍然会推荐纸尿裤新产品。网店还会不停地推荐吸尘器等买过一次后轻易不会再买的商品。这种现象如今正在改善。

还有令人烦恼的问题是在一个网站浏览过商品后,相关信息被记录,进入其他网站后会被推送同样的商品广告。这种所谓的"广告跟踪"的目的在于用大量的商品信息诱导消费者购物,但很多人反而会因此丧失购买欲。

商家从很早以前就使用"限定"一词开展促销。类似的表述还有**"只限现在""只有 N 个"**等。在资本主义社会,本应该只要花钱就能买到任何商品。上述宣传话术却在告诉人们花钱也不一定能买到商品。这种宣传手法通过强调商品不足给消费者造成危机感,从而诱导消费者购买。我至今仍然相信宣传"限定"能起到促销效果。

开市客(Costco)等店铺正是利用了消费者的这种危机感,销售的商品种类数量极具象征意义。开市客的商品种类数量和便利店差不多,只有 3000—4000 种。因此,顾客可能会担心现在不买的话过后再也买不到,让顾客产生饥饿感并诱导其消费。这种饥饿营销模式值得肯定。

我认为关于实体店和网店孰优孰劣的讨论有些脱离现实。一些网店的操作令消费者作呕,甚至起到了反作用。尽管如此,网购今后将给消费者带来更多的好处。与此同时,实体店如果只能让顾客接触到商品则没有意义,必须具备其他店铺不能进行差别化的"某些元素"。

4 唐吉诃德的差别化

在纵览了零售业的发展历程和其他零售企业的目标之后，本节将介绍唐吉诃德差异化的点，以及与其发展方向相同者所取得的进展。

❖ 差异化关键点①-1　iTunes型或独立制作型

曾经有观点认为，商业街消失后购物商城取而代之，商业将丧失多样性。现在仍有许多人赞成这种观点。

如今持这一观点者的预测落空，大型零售企业数量反而增加了。无论去任何地方，都能看到优衣库的店铺。快时尚在街头泛滥。而且，永旺正在大规模开设超市。在便利店行业，7-ELEVEn、罗森和全家占据了压倒性的市场份额。

大型零售企业数量众多是好事吗？答案为：是，也不是。支持商店街的人，会把商店街内店铺的多样性当作论据。

然而，令人感到奇怪的是商店街内店铺采购销售的商品种类单一,不如购物中心能陈列大量商品,保证商品的多样性。我要承认,自己的辩术过于恶劣。丧失多样性与商品数量无关,指的是商店街被购物中心取代后可能会失去当地特色,与其他地区同化。

商店街的支持者们害怕的是处于大企业管理下的多样性。唐吉诃德则不一样。虽然也是大企业,但唐吉诃德在各地采购时进行了差别化,商品符合各地的特色。这一有趣现象之前已作了说明。

我在这一点上强烈感受到了**购物中心与唐吉诃德的不同**。消费者想必不会期待在购物中心遇到能带来惊喜的商品。消费者去购物中心或是为了购买常规商品,或是为了与孩子们度过有意思的半天,再有就是在美食广场用餐。他们对购物中心的要求是便利性。购物中心也不会有令人尴尬的商品。

在唐吉诃德的店铺,有时会遇到小学女生发现聚会用品卖场前装饰的 TENGA 牌自慰用品后,向身边的母亲询问用途。母亲只能红着脸含笑不语。这样的情形在购物中心就不会发生。

购物中心还具有为想对网上商品加以确认的顾客,提供实物参考的功能。有的顾客想要亲手接触到商品后再决定是否购买。顾客进了购物中心还可以在电影院看电影,在美食广场用餐。

不客气地说，购物中心销售的许多商品都在人们的想象范围之内，多半商品能从亚马逊或乐天购买。与此相对，唐吉诃德销售的许多商品是消费者都叫不出名的，想要上网搜索都不知道该使用什么关键词。

购物中心就好比试听可以从 iTune 购买的音乐的点唱机。唐吉诃德则像是老式唱片店，可以搜罗歌单上没有的异想天开的独立制作的音乐作品。

❖ **差别化关键点①-2　想要的商品应有尽有**

我以前和朋友吃烧烤时遇到过肉和木炭都用完了的情况。来不及从亚马逊下单，于是就有人提议去唐吉诃德购买。因为需要用到木炭和助燃剂，所以就选择了唐吉诃德，而不是首选超市或便利店。

我们去了附近的唐吉诃德店铺，顺便还买了在不同楼层看到的零食和儿童玩具。对于唐吉诃德，**消费者抱有"去那里应该能找到想要的商品"的安心感**。许多人去唐吉诃德并没有什么目的性，只是打发时间。我采访唐吉诃德时被告知有情侣选择来店里约会。

涩谷的 MEGA 唐吉诃德就有多得令人咋舌的情侣顾客。夜间时段容易令人兴奋激动，但这些情侣顾客来这里逛店并不是为了购买成人用品。

我在唐吉诃德的店铺购物时曾碰到顾客向年轻店员询问是否有沙滩球。"应该是有的。"店员的这个回答值得点赞。这位店员是卖场的负责人。唐吉诃德的卖场就是由这样能够贴近顾客感受的年轻人负责管理的。这是很好的范例。

实际上，唐吉诃德任用最能理解顾客心情的员工管理店铺。这是因为只有这样的员工才能出色地完成采购任务。我总是为给孩子买玩具而感到苦恼。专门的玩具店只有 Toys "R" Us 等为数不多的几家，家附近也没有该品牌的店铺。

如果跟孩子说在亚马逊买玩具，孩子就会说："我现在就想要。"不得已上网搜索，结果发现能马上买到玩具的只有家电量贩店和唐吉诃德。考虑到还要顺便购买其他商品，于是就选择了唐吉诃德。

我每次走进唐吉诃德的店铺，都会为想要的商品应有尽有，以及孩子可能接触到令人意想不到的商品而惊叹。唐吉诃德能被选为约会场所的原因就在于其商品的丰富程度和意外性。

在介绍零售业的发展历程时，我曾提到过以商店街为代表的日本零售业的低效率。日本的零售业之所以效率低，是因为商店街把大量的小规模店铺集中在了一处。但这并不一定是坏事。因为日本的消费者，习惯一周内多次去店铺购买新鲜食材。

从这个意义上讲，今后结合了精细采购和连锁店经营的长处的混合式店铺将获得青睐。

❖ 差异化关键点② 奇妙的数字化战略

我认为店铺是网店还是实体店并不重要，重要的是要能实现差异化。之前介绍了唐吉诃德所处的时代环境，接下来要探讨唐吉诃德的差异化措施与其他企业有何不同。

首先，唐吉诃德面向外国游客开设了"惊爆价殿堂唐吉诃德的巨便宜全球购物网站"（惊安殿堂跨境官网）。网站的宣传文案写道："与实体店相同的低价，不含消费税，实惠！所有商品都是日本直邮，安心！"使用手机也可在该网站购物。

然而，唐吉诃德对网络的应用不限于开设购物网站，还包括向使用手机 APP 的顾客发行优惠券，利用社交网络开展促销，等等。通过手机 APP 的数据，唐吉诃德可以获得顾客的脸部表情信息，用以提高顾客来店时的服务质量。

更有意思的是唐吉诃德实现了实体店与数字化相结合。该公司的代表曾就此在记者会上做出过有趣的说明。例如顾客拿着手机在店内走动时不知不觉就能获得积分。走到店内的特定位置，手机 APP 会自动开启抽奖。

唐吉诃德使用网络和手机 APP 的思路，与其他零售企业有着决定性的区别。那就是要让网络和手机 APP 始终成为顾客玩转店铺的工具。

我初次听到这些功能时不由得笑了出来。单从上述说明的内容来看，人们只会把唐吉诃德想成运营游乐园的企业。唐吉诃德方面在记者会上还表示将强化网购业务，开展全渠道销售。在正式场合把手机 APP 的玩法郑重其事地大力宣传，唐吉诃德的确擅长搞笑。

当然，手机 APP 不是只有娱乐性，更重要的是能把消费者在实体店的活动数据化，并用于新店铺的设计和商品企划。可以预见的是今后将有顾客拿着手机在唐吉诃德的店铺内四处走动，试图激活 APP 的各项福利。

❖ **取得发展的关键点卖场的娱乐性**

日本曾经是以工业为本的国家。在经济高速增长时期，带动整个国家发展的是制造业，众多劳动者在工厂工作。他们集中在一个地方，穿着一样的工作服，作息时间相同，不断地追求提高效率。然而，日本的众多工厂如今已转移到了新兴市场国家。

曾有一段时期，舆论高呼要把产能迁回日本。但是，真正实施产能回归的企业寥寥可数。制造业一旦转移出国，想要回归并非易事。

在发达国家，广义的服务业取代制造业成为经济的主角。自由的工作方式成为可能，人们不再需要在固定时间上班。以往日本的学校被称为"培养工厂工人的教育机构"亦不为过。刷题等形式的重复训练就是为了量产士兵和劳动人手。

在日本开始推行学校教育，建设工业国家即富国强兵的政策，目的当然是培养有效率的、能统一行动的工人。

然而，在后工业化时代，**得以选择自由工作方式的人们必然会意识到时间的宝贵**。以往人们只要按照同样的方式工作即可。如今人们从场所的束缚中解放了出来。只要愿意，不管工作单位在什么地方，都能用手机工作。

意识到时间宝贵的意思就是必须节约时间，提高工作效率。与之相应的是产生了**消费时间的快乐**。当初电话被发明出来后，曾有学者预言人们将不再面对面地交流。这一预言自然是落空了。人们使用电话安排约会，商定见面洽谈。

人们的交流方式也呈现多样化。社交软件 LINE[①]、Facebook Messenger、Instagram Messenger 和 Twitter 被用于邀请聚餐、活动宣传、工作磋商等。

在电子形式的交流变得简单的同时，人际间的面对面交流并没有减少。这就如同 PDF 文件的普及并没有导致工作中的纸质文件打印量减少。人们想要通过纸张的重量感受到工作成果。不知何故，人们总希望与他人相见。IT 工具的进步使在家办公成为可能，但渴望人际交流者会选择面对面的工作环境。

然而，时间消费也有其令人纠结的一面。无数的娱乐节目、用 LINE 和女友聊天、浏览 Facebook、看电影、看戏……时间消费的形式多种多样。

人们在选择时间消费的对象时，会受到不想失望的心理和曾经有过的愉快经验的影响。由此可见，环球影城和迪士尼乐园提供时间消费的方式就很精明。在我看来，环球影城准备了难以理清脉络的大量角色。这些角色的共同点是已经具有了人气，让游客感到放心，觉得只要进行内容消费即可。迪士尼乐

---

① LINE：是类似微信的即时通信平台，有社交、支付等多种功能，在日本国内的月活跃用户数量约 8600 万。

园的做法自不必多说。

从"物"的消费到"事"的消费，再从"事"的消费到实体店消费，**所有的生意都必须意识到顾客的时间**。从这个意义上来看，唐吉诃德作为时间消费型的"不合理"的店铺，将着力突出其娱乐功能。

事实上，唐吉诃德已经在进一步挖掘时间消费的需求，把购物上升到了娱乐的层次。要想从综合超市向购物商城转型，时间消费和体验型消费是必不可少的元素。

与时间消费完全对立的是以往彻底的节约成本、开展合理化运营的超市和便利店。然而，这些合理化运营的店铺受到了 Amazon Go[①] 等竞争对手的冲击。消费者在 Amazon Go 这样的智能零售店购物不需要排队付款，所购商品还可直接被快递送到家。

家庭户数的增加曾经促进了日本便利店的销售额增长。新增家庭多为单身户。便利店因挖掘单身消费者的短时购物需求而大获成功。然而，预测在 2020 年到 2025 年，单身家庭的数量将达到顶点并呈下降趋势。

唐吉诃德应该已经意识到了**只有不合理的、消费者无论出**

[①] Amazon Go 是美国互联网巨头亚马逊公司开设的线下无人零售店，颠覆了以往的运营模式，使用计算机视觉、深度学习以及传感器融合等技术，彻底跳过传统收银结账的过程。

于什么理由都想要进去一观的店铺才能生存下去。在外国游客眼中，唐吉诃德与色情店是同等价值的存在。这并不是对唐吉诃德的讽刺或轻蔑。觉得是讽刺的人，其内心可能对色情店抱有歧视。去唐吉诃德购物和逛色情店无疑都是打发时间的娱乐。

唐吉诃德的竞争对手是环球影城，是迪士尼乐园和迪士尼海上乐园，是富士急 High Land 游乐园[①]。MEGA 唐吉诃德的涩谷店时而会举办偶像见面会活动。这和在百货店楼顶举行超级战队[②]英雄表演相类似。

我不知道按照现有的定义，唐吉诃德是否还能被称为零售企业。

[①] 富士急 High Land 是日本的老牌游乐园，1968 年在山梨县富士吉田市开业。

[②] 超级战队是日本的系列电视节目，和奥特曼、假面骑士一样拥有大量粉丝。

第 4 章

与其他零售巨头的对比

1 百货店的夕阳

❖ 百货店的诞生与意义

百货店起源于 1852 年的法国。现在或许难以理解，但给商品打上价格标签的做法在当时具有划时代的意义。无论是什么人前去购物，百货店都会以相同的价格销售。这也是革命性的变化。

日本最早的百货店创立于 1904 年。日本的百货店在介绍西方文化的同时，尝试销售符合日本人需求的商品，经历了不断的试错。如今习以为常的年末年初百货店亮灯活动，最早也是起源于东京银座。店外一片漆黑，店内灯火通明。这是把吸收外来文化和做买卖结合在一起的促销活动的滥觞。

虽然基督教最早传入日本是在 14 世纪，但直到明治时代[①]

---

① 日本的明治时代始于 1868 年，结束于 1911 年。

日本人才开始过圣诞节。福泽谕吉①等进步文化人士就曾把圣诞节当作先进的外来文化而聚会庆祝。当时圣诞老人被称作"三太九郎"②。日本的圣诞节商战就是始于明治时代晚期的1904年。

当时被作为圣诞节礼物的商品有牙粉。这是因为用牙粉刷牙的习惯也是外来文化。好孩子能得到圣诞老人送来的牙粉礼物，可见百货店的营销活动产生了效果。

百货店在介绍外来文化的同时，还举办展览会和活动，为向日本人推广新文化做出了巨大贡献。第二次世界大战结束后，百货店一方面把营销对象扩大到普通民众，一方面维持了高端形象。为了满足乘私家车前来购物的富裕阶层顾客的需求，伊势丹百货店于1960年在行业内率先建设了停车楼。

对在小地方出生的我而言，去百货店用餐，到楼顶的露天游乐场玩耍是儿时典型的梦想。

百货店名副其实地销售成百上千的商品，把高级商品的丰富程度作为竞争力。但是单独从每一个品类的商品表现来看，百货的业绩逐渐被可以称作"一货店"的专卖店超越。

---

① 福泽谕吉：1835—1901年，日本近代重要的启蒙思想家、教育家，庆应义塾大学的创始人，其思想和著作对日本的近现代史有着深远的影响。
② 圣诞老人的英文是Santa Clause，三太九郎的日本发音是Santa Kuro，两者相近。

❖ 百货店的现状

近 30 年来，百货店不断流失顾客，市场规模从 12 兆日元缩小到 6 兆日元。虽然依靠外国游客消费维持了原地踏步状态，但百货店早已没有了昔日的发展势头（图 4-1）。

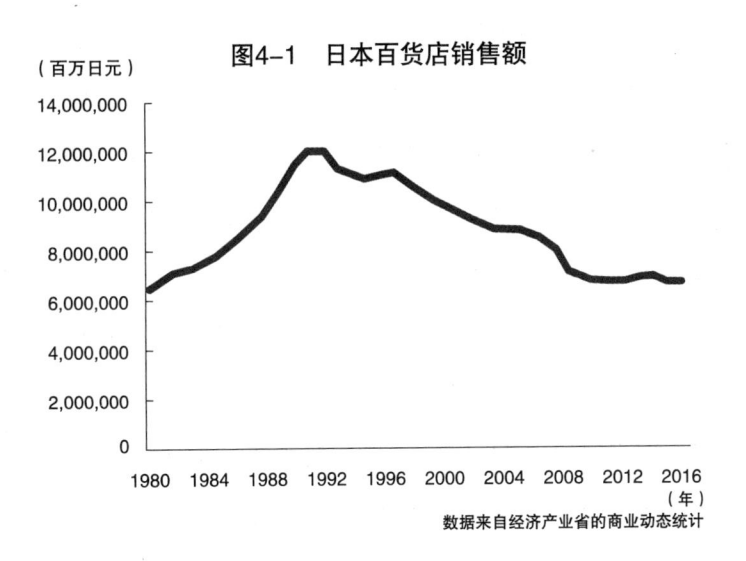

图4-1　日本百货店销售额

数据来自经济产业省的商业动态统计

虽然对于泡沫经济破灭的准确年份有不同说法，但日本经济从 20 世纪 90 年代初开始下行是不争的事实。当时百货店行业出现了倒闭和合并重组。

百货店采取的面对面销售方式已经不像以往那样有效。此外，也有很多声音批评百货店已经沦落到靠出租卖场赚取租金的地步了。专业量贩店的崛起更是给百货店造成了冲击。我想要补充的是，服装销售的低迷也是百货店一蹶不振的因素之一。

百货店接受服装生产商派出的员工担任卖场导购员，并邀请外国服装品牌入驻。相比于销售商品，百货店更侧重于对品牌的选择。其结果就是百货店对销售服装没有多少经验积累。再加上快餐时尚品牌的流行，百货店每况愈下。

2016年经济产业省服装供应链研究会的报告书《1990年以来国内市场发展情况》(http://www.meti.go.jp/committee/kenkyukai/seizou/apparel_supply/pdf/report01_01_00.pdf)中是这样记述的：

"国内服装市场规模1990年约15兆日元，2010年减少至约10兆日元。另一方面，同一时期包括国内生产和进口在内的国内服装供应量从约20亿件倍增至约40亿件。如果不考虑其他因素单纯计算，国内的供应单价20年来下降了三分之二。

此外，总务省的家庭经济调查结果显示，20年来家庭的服装平均购买单价只下降了不到40%，由此可以推测供应市场后未能售出的服装也有相当数量的增加。"

图4-2是百货店历年的服装销售额。

百货店年销售额的最高纪录是12兆日元，2017年跌至

图4-2 百货店服装销售额

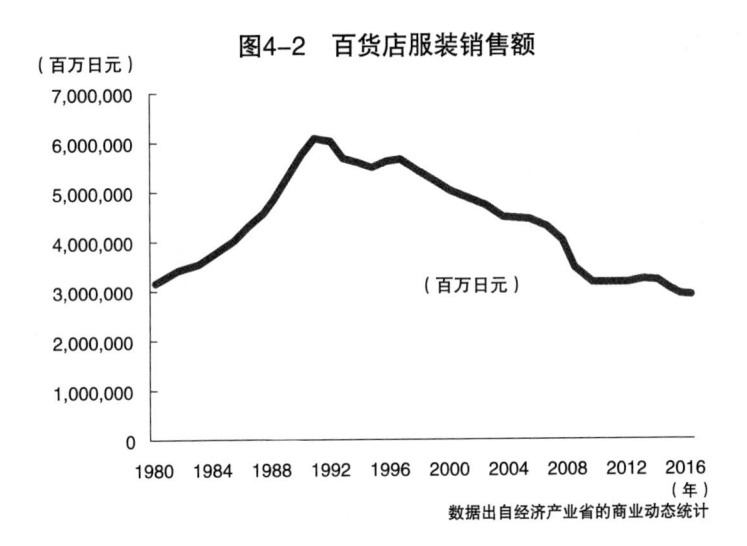

（百万日元）

（年）

数据出自经济产业省的商业动态统计

6兆5529亿日元，降幅达46%。百货店销售额的半数以上来自服装。最高12兆日元的年销售额中有50%是服装销售额。百货店服装年销售额的峰值是6兆558亿日元，2017年跌至2兆8529亿日元，减少了53%。百货店服装销售额的降幅大于总销售额降幅。

这些数据与消费者的实际感受相符。现在没有多少人会为去百货店买衣服而感到兴奋。日常购买快餐时尚就足够了，想买高端品牌服装就去专营店。消费者不再认为百货店的面对面服务有多重要，也不再觉得百货店的选品具有魅力。

我曾采访过伊势丹新宿店。该店为提高销售额采取了多种措施。例如店员不再对客人说"期待您再次光顾"，而是改说

"如果您还想物色别的商品，我们会为您做介绍"。这一变化体现出伊势丹改变了卖出商品就完事大吉的态度，待客服务更加细致周到。伊势丹把时尚设计师当作讲解员而不是销售员，把新宿店定位为时尚博物馆。

伊势丹对商品陈列的研究也是无懈可击，无愧于高端百货店的形象。例如"120厘米宽挂架上悬挂18件衬衫或毛衣""一款商品分为三个颜色、三个尺寸、两种图案陈列""从暖色调向冷色调依次陈列"，等等。对名牌手提包的陈列也有数量规定，"150厘米宽度最佳陈列数量为5—7个"。

伊势丹还在顾客注意不到的细节上下了功夫，根据温度变化调整商品陈列就是其中之一。

尽管做出了一系列的努力，但人们仍感到百货店已失去了以往的辉煌。

现在许多消费者对百货店的看法是价格昂贵，乏善可陈。但也有人不在乎高价。包括外资企业在内，百货店仍有其存在的意义。但是，许多消费者感受不到百货店的价值。是继续衰落下去，还是向其他业务转型？百货店需要就其存在的意义做出回答。

2 超市的忧郁

日本的超市行业面临着 13 兆日元的壁垒。这个意思是超市行业无法突破年销售总额 13 兆日元的上限。13 兆日元是以日本约 1 亿总人口、每年人均在超市最多消费 13 万日元为依据计算出来的。由此推算，日本人平均每月只在超市消费约 1 万日元（图 4-3）。

为了避免误解需要做一点补充说明。日本社会的少子高龄化并没有导致超市的食品饮料销售额下降（图 4-4）。相反，餐饮业的营业额下降，购买熟食或在家做饭的需求高涨，超市的食品饮料销售额反而出现了增长。是餐饮业自身经营失败，还是只是由于少子高龄化造成了餐饮业营业额下滑，大家应该不难判断（图 4-4）。

如图 4-5 所示，超市销售额增长乏力的原因在于服装销售额持续走低。

以往消费者会在超市购买内衣或儿童 T 恤衫。如今优衣库、GAP 或 ZARA 取代了超市的作用。从图中可以看出，泡

图4-3　超市销售额

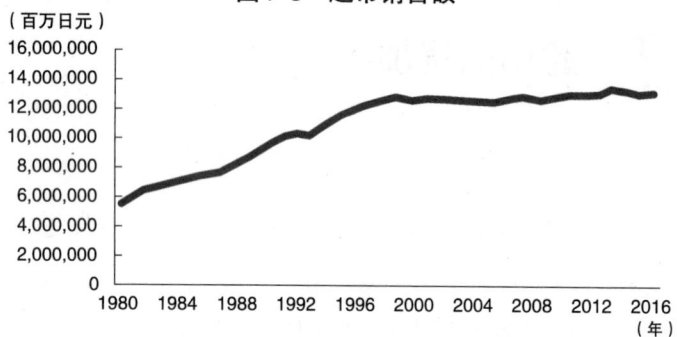

图4-4　超市食品饮料销售额

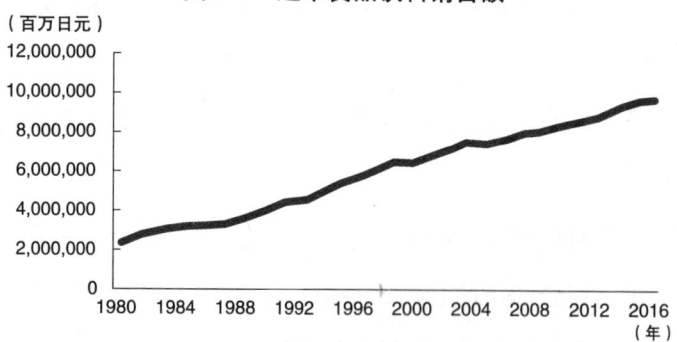

图4-5　超市服装商品销售额

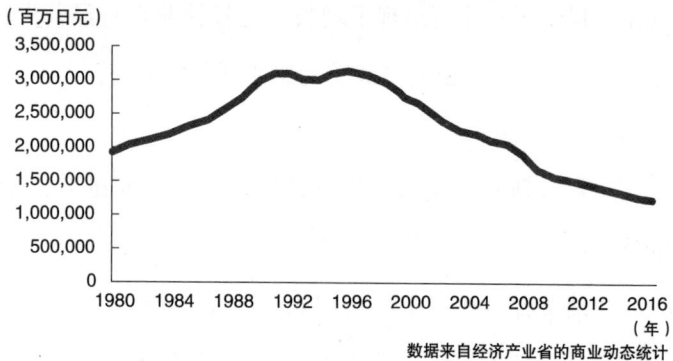

数据来自经济产业省的商业动态统计

沫经济破灭后超市的服装销售额一直呈下降趋势。

持续的通货紧缩使消费者减少外出用餐,越来越倾向于在家用餐和做饭,由此带动了超市的食品销售额的持续增长。然而,受服装等其他商品销售低迷的拖累,超市的总销售额长期不见起色。超市面临的形势虽然不如百货店那般严峻,但想要求得发展还需要有进一步的措施。

3 便利店的极限

❖ **便利店的历史**

日本进入经济高度增长期后，聚集了个体店铺的商店街的效率极度恶化。1974 年，7-ELEVEn 便利店在东京开设了第一家店铺。以此为起点，新型的小规模零售店在日本全国逐渐普及。

在便利店出现之前，零售店的采购习惯上依靠直觉、经验、胆量和必要时对供应商故作强势。便利店行业率先应用 POS 系统改善了采购环节。开创这一先河的正是 7-ELEVEn 便利店。如今 POS 系统已被众多便利店采用。

便利店最主要的特征是由总部主导的供应链系统。总部从供应商那里采购，制定商品售价，并负责自有品牌商品的企划和开发。此外，总部还承担着促销、向店铺提供 POS 系统、分享信息和向店铺供货等职能。

目前便利店的总部每天分数次向店铺供货，供应高新鲜度商品并保障不出现断货。各大便利店企业采用集中开店战略，在同一地区内相距不远的位置密集开设自家店铺。此举使高效的卡车送货成为可能。

集中开店战略提高了便利店的可视度和知名度。POS 数据的应用最大限度地减少了便利店的库存，提高了经营效率。

便利店企业对自有品牌商品的产量负责，委托生产商低成本生产优质商品。由总部统筹的综合供应链保障了商品的产量与销量保持一致。

❖ 便利店的现状与问题

便利店行业保持着相对良好的增长势头。超市行业无法突破年销售总额 13 兆日元的上限。便利店的年销售总额能否超过 13 兆日元受到关注（图 4-6）。

零售店也面临着少子高龄化这一不利因素。在客流量减少的同时，单身家庭户数的增加使便利店发挥了充当民众的冰箱和厨房的作用。然而，家庭户数的增长也已迎来了拐点。图 4-7 印证了这一趋势。

由于顾客的客单价上升，便利店在客流量减少的情况下实现了销售额增长。因此，如何有效地推荐商品以诱导顾客顺便

图4-6　便利店销售总额

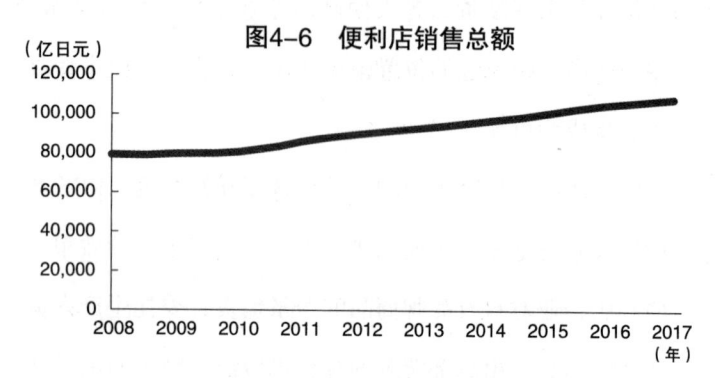

图4-7　便利店既有店铺客流量正负增长幅度

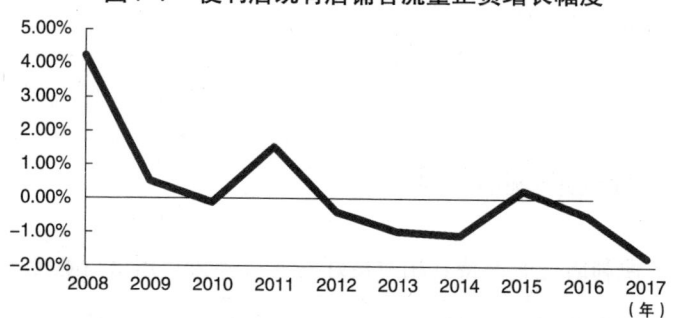

图4-8　便利店既有店铺年销售额正负增长幅度

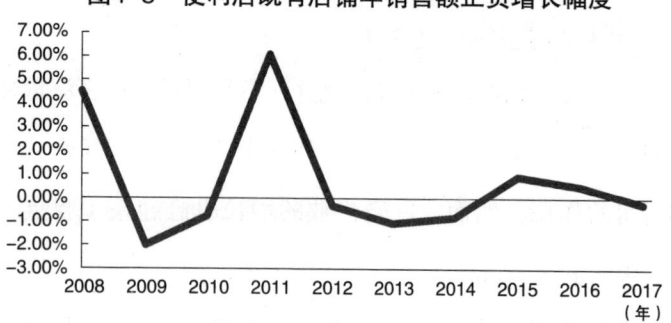

数据出自日本连锁店协会

购买成了关键问题。

近年来便利店既有店铺的销售额也几乎是零增长。目前能实现销售额增长的是新店铺（图 4-8）。

我相信便利店的发展潜力。已经成为日本社会基础设施之一的便利店可以提供各式各样的服务，帮助解决特定人群的购物难的问题。尽管如此，在构建合理化的系统上已经做到极致的便利店也和百货店、超市一样，面临着今后如何转型的问题。

❖ 便利店的未来

如前所述，各大便利店企业正在努力实现全渠道销售。这就需要高度统合供应链，整合线上和线下的销售渠道，形成全渠道销售，即不是将实体店、电商以及其他销售渠道完全独立开，而是以一个完整的体系寻找与顾客的交集。

例如，顾客特地去实体店购物，却发现想要的商品断货。为满足顾客需求，店铺方面立即向其他店铺询问库存情况，或者可以在网上下单购买商品。这就是全渠道销售。顾客意识不到店铺之间的差异，线上和线下之间不存在鸿沟。

实现全渠道销售后，老龄顾客可以在实体店下单后回家等待商品被送上门。根据订单信息，网店还可以派人上门询问顾客的需求，安排日常用品的配送服务。近来各便利店企业正在扩充此类服务，一家店铺从单纯的一个联结点，变成可以运用多个渠道提供商品。换言之，这是一个可以全方位拉拢消费者的策略。

各便利店企业想要全渠道提供的不是千篇一律的商品，而是具有各地特色、种类丰富的商品。

曾经有观点认为，日本的便利店已达到饱和状态。由于人口减少，便利店能否开设更多的店铺受到质疑。然而，现实却是便利店吞噬了食品超市的部分市场，凭借商品企划能力和便利性不断增加开店数量。另一方面，属于不同业务形态的折扣店、药妆店和百元店也在为消费者提供同样的价值。便利店将面临愈发激烈的竞争。

4 外资零售企业的优势

日本一般被认为是个效率不高的国家。准确地说,日本的劳动生产效率不高。劳动生产效率=附加值额÷劳动人数。附加值额=销售额-总成本+总工资(更准确的算法是追加税费)。

美国的人均产值是 121,187 美元,日本的人均产值则只有 74,315 美元,低于经济合作与发展组织(OECD)[①] 成员国 89,386 美元的平均水平(数据来自日本生产性本部《劳动生产效率的国际比较 2016 年版》)。在日本的各大产业中,服务业的效率尤其低下,其中批发业和零售业的效率低于全部产业的平均水平。

让我们看一看各大零售业巨头的表现。唐吉诃德当然正在努力,7-ELEVEn、罗森、永旺的销售额也在提高。在日本市

---

① 经济合作与发展组织(Organization for Economic Cooperation and Development,OECD)简称经合组织,是由 36 个发达国家组成的政府间国际经济组织,成立于 1961 年,总部设在法国巴黎。

场发展最为迅猛的则是亚马逊日本公司。销售额当然只是指标之一。不盲目追求扩大规模,这也是了不起的战略。然而,即便是这些巨头,在效率上仍不如外资企业。

这里重温一下日本各大零售业巨头的经营成绩。

企业名	营业利润率	自有资产比例	总资产利润率(ROA)	自有资产利润率(ROE)	总资产经常利润率
①永旺	2.5%	12.2%	0.3%	2.2%	2.4%
②7&i控股	6.5%	44.2%	3.3%	7.6%	7.1%
③迅销	9.5%	52.7%	9.1%	18.3%	14.7%
④山田电机	2.5%	49.8%	2.6%	5.2%	4.1%
⑤UNY全家	2.2%	31.4%	2.0%	6.4%	1.7%
⑥三越伊势丹控股	1.9%	44.9%	-0.1%	-0.2%	2.1%
⑦高岛屋	3.7%	42.4%	2.3%	5.6%	3.8%
⑧唐吉诃德控股	5.5%	36.0%	5.0%	13.3%	7.9%
⑨H2O Retailing	2.5%	42.2%	2.3%	5.4%	3.7%
⑩Bic Camera	2.8%	34.9%	3.9%	11.7%	7.1%

在经营效率上,总资产利润率(ROA)和自有资产利润率(ROE)这两项指标需引起注意。参照本书执笔时的最新数据,美国效率最好的三家企业分别为:

开市客　ROA 7.37%　ROE 24.86%

沃尔玛　ROA 4.82%　ROE 12.66%

亚马逊　ROA 7.78%　ROE 30.50%

第 4 章 | 与其他零售巨头的对比

由于"亚马逊效应",即网购对传统实体店零售造成破坏,美国许多不能实行合理化的零售企业被淘汰。即便是老牌玩具销售商 Toys "R" Us,也因市场被亚马逊侵占而不得不放弃实体店业务。只有充满活力、有效率的王者才能赢得竞争。

这三家美国公司都拥有会员制度。开市客在日本也开设了店铺,众所周知消费者必须成为会员并支付年费才能购物。沃尔玛不要求消费者必须入会,但旗下拥有高端会员制超市"山姆会员商店"(Sam's Club),并推出了会员专用购物服务 JetBlack[①]。

最为知名的应该是亚马逊的 Prime 会员。成为会员后可享受许多优惠,例如在亚马逊的视频网站上免费观看电影,升级快递服务等等。Prime 会员数量在全球已突破了 1 亿人[②]。

这就是把个人发展为会员以获得稳定收益的商业模式。沃尔玛的会员制度与其他两家企业相比处于劣势,给人缺乏魅力的印象。

周所周知,开市客的商品几乎都是以最低毛利率价格销售,业务保持稳定依靠的不是销售额而是会员费收入。有了会员费,开市客才能以便宜价格向顾客提供商品。

---

① 沃尔玛于 2018 年在纽约推出高端购物服务 JetBlack。会员可使用手机短信购物,沃尔玛负责送货。沃尔玛于 2020 年 2 月 21 日终止了这项服务。
② 2021 年 4 月,亚马逊宣布 Prime 会员突破 2 亿人。

亚马逊也是一样，几乎不依靠商品赚取毛利。但 Prime 会员数量越多业绩就越好。亚马逊通过频繁地开展降价促销，制作大量原创电视剧，以及通过快速配送商品的快递服务制造出了"亚马逊依赖症"患者。我也是患者之一。进入亚马逊生态圈成为会员后，消费者就难以自拔。运用会员费收入带来的丰厚现金流，亚马逊不断推出新的服务。

Prime 会员增长速度最快的国家是印度。迄今亚马逊的商业模式只适用于发达国家，成功与否取决于当地物流配送行业的水平。如果能征服印度市场，亚马逊将实现巨大突破，带着成功经验进一步加速全球扩张。

亚马逊位于合理商业世界的顶端，未来肯定会对外销售 Amazon Go 等无人便利店的整套服务技术系统[①]。届时亚马逊将成为合理商业世界的统治者。

7-ELEVEn、罗森、全家以及唐吉诃德都发行了会员卡。顾客持卡可享受若干优惠。这些企业目前尚未大规模推出需支付月费或年费的会员订阅服务。**订阅服务是滋润零售企业成长的秘诀。日本零售企业在订阅服务方面落后于美国同行。**

唐吉诃德准备以完全不同的形式启动订阅服务，下一章将

---

① 亚马逊于 2020 年 3 月启动无人商店技术服务系统对外销售，名为 Just Walk Out。消费者进店后扫描应用程序完成身份认证，货架自动关注顾客拿取货物，顾客离店即可完成支付。

详细介绍。现阶段唐吉诃德还没有可以与美国零售企业媲美的会员制度和订阅服务。在零售业发展史上屡屡有创新之举的美国企业所占据的优势,不是一朝一夕之间就能赶超的。

第 5 章

今后的唐吉诃德

1 着眼新型零售业

我在本章将预测唐吉诃德今后的发展方向,并作为一名粉丝列出其需要注意的问题。

❖ 预测① 坚持销售娱乐体验而非商品的姿态

从拓展新型零售业潜能的意义上讲,Village Vanguard 值得关注。Village Vanguard 把书籍和玩乐这两个通常没有关联的概念出色地结合在一起,创造出了"玩乐型书店"。Village Vanguard 虽然名为书店,但实际上销售额的一半以上来自书籍以外的商品。

Village Vanguard 的商品陈列混杂,顾客不能直线走动,店铺设计与唐吉诃德相类似。街头书店内的背景音乐一般是古典音乐或流行音乐,Village Vanguard 店内随处播放的则是其力推的独立音乐人的作品。

Village Vanguard 的采购方式也和唐吉诃德的一样,由各家店铺负责。对未知的好奇心使顾客在前往 Village Vanguard 时内心充满了期待。几乎要从店内溢出的大量商品吸引着过往行人进店一观。消费者对待 Village Vanguard 的态度，或许和对待唐吉诃德一样两极分化，狂热的支持者成了回头客。

Village Vanguard 还大力开展员工培训，并非真的任由店铺随心所欲地采购。另一方面，其培养一线战斗力，建设具有主观能动性的职场，由此促成销售额实现增长的做法值得称道。

然而，Village Vanguard 是否还属于传统意义上的连锁店？其理念、姿态、思维模式以及在店铺感受到的怦然心动，能否被视为连锁店新经营方式的产物？连锁店或许将被重新定义。

连锁店原本是开展商品零售业务的企业。然而，唐吉诃德的种种措施令人难以判断是否该把这家企业归于零售业的范畴。唐吉诃德已经不是卖商品，而是在卖体验。

例如，唐吉诃德道顿堀店建有摩天轮"惠比寿塔"，该公司推出了"360度VR"服务，顾客可佩戴虚拟眼镜乘坐摩天轮，从虚拟眼镜演绎出的画面中体验空中飘浮的感觉，观赏道顿堀的昼夜景色。

这一举措为现实与虚拟、实体店与网店的融合问题提供参考。唐吉诃德擅长把卖场打造成游乐场，这正是娱乐的精髓。

❖ 预测② 扩大日渐衰弱的家庭顾客群

其他连锁店在销售家庭所需要的商品。唐吉诃德则以怪异氛围和趣味性为武器，向单身者和外国游客销售特色商品。今后会如何呢？

其他零售店目前把单身顾客作为重点目标，熟食和加工食品多采用小容量包装。如果唐吉诃德坚持其逆主流而行的一贯做法，预计今后将大力吸引家庭顾客群。

即便是面向家庭顾客群，唐吉诃德也不会只侧重低价，预计将用出乎人们意料且高毛利率的商品对抗其他企业。为此，MEGA 唐吉诃德将进一步增加店铺数量。

❖ 预测③ 扩大订阅商业模式

我住在东京。有意思的是，我周围的人几乎都不想住大房子，只有极少数人在郊外建了独栋住宅。大多数人还是喜欢住在离工作单位近的地方。出于节约的考虑，大家普遍认为面积虽大但平时很少住的房子不值得入手。

如果通勤时间不长，下班后就可以上街休闲；或者参加学习班，创造性地利用时间。虽然现在上网就能交友和交流信

199

息,但我还是喜欢花大把时间与他人进行面对面的交流。

除去那些无用的跨行业交流会,能踩着轻松步伐到处参加活动的商务人士才具有高附加值。

我想要说的是,**今后"移动的价值"或将上升**。携带最少的随身物品,不断地在不同地点之间移动,在移动中与人相遇相识,从相遇相识中产生价值……

日本人会在汽车中放置毛绒玩具,就像布置房间一样装饰车内空间。这一现象令外国人惊讶。我则认为,这种不把居住空间局限于家宅,而是扩展到外部的思维方式恰恰是日本人独有的特征。

日本人的住宅因面积狭小而被嘲讽为"兔子窝"。但是从积极的角度来看,日本人把居住空间控制在最低限度,但把其他功能分散到了外部。过去的日本人到澡堂洗浴,邻居们互借柴米油盐,连厕所都是公用的。如今的便利店可以被视为各家的冰箱功能的外部化。

唐吉诃德最近宣布将利用既有店铺,试验性地推出场所租赁业务。唐吉诃德认为,日本国内货运量因网购的普及而急速扩大,近几年小家庭化和单身家庭户数的增加导致再次配送的需求日益高涨,物流的"最后一站"成为社会问题。

唐吉诃德将开展的是名为"Yukus"的场所租赁业务,每月收取租金,提供个人办公桌案、休息室、储物柜等设施。每月基本使用费仅为 1000 日元,可使用场所和快递储物柜。由于尚处于试验阶段,本书执笔时仅有 MEGA 唐吉诃德 LaPark 成东店附近的一个地方提供这项服务。

我从唐吉诃德的这一举措中感受到了超越了现有零售业的进取精神。这项业务的意义并非只是提供消费时间的场所。

场所租赁业务旨在改变今后人们对"所有"的认识。预计未来的人们将向往"一无所有的生活"。房子可以租着住,就算面积狭小也无所谓,厨房、家具、家电也可以共享。比起这些,生活的价值在于"动",与许多人结识,开展事业。那时,可租赁的休息空间、储物柜、工作单位以及面谈场所将备受青睐。

此外,移动的意思不仅限于人。与他人进行商品交易时可以不告知对方自己的住址,把唐吉诃德的租赁场所指定为收货地点即可。而且,如果唐吉诃德拥有大量的共享设施,人们就可以轻松自如地在不同地点之间移动。在外出旅游时收取货物也将成为可能。

许多人白天租用共享汽车用来睡觉。这个著名的例子象征着空间用途的界线正在消失。在零售店的停车场内,等待同伴结束购物的人可能会在车中喝着星巴克的咖啡。此时,汽车在这里就起到了咖啡店的作用。如果有了租赁场所，甚至可以请家庭教师在里面授课。

　　唐吉诃德不仅改变了零售业的存在方式，还把消费从商品轴转移到了时间轴，今后更有可能改变"所有"的含义。

2 唐吉诃德是否有死角

❖ 担忧① 库存风险

本书开头提到过全家便利店与唐吉诃德的业务合作。这里要做一点补充。便利店以库存周转率高而著称。但是，唐吉诃德的库存率与同行业的其他公司相比并不低，只是对于全家来说有可能存在风险。

唐吉诃德的店铺大量采购，不可避免地造成高库存率。唐吉诃德与全家合作经营便利店，库存率的问题可能使店主在决定采购时犹豫不决。

我对唐吉诃德、7&i、永旺以及UNY全家的库存率进行了对比。库存率＝库存金额÷销售总额×100%。数据来自本书执笔时的最新有价证券报告书。

唐吉诃德控股	7&i 控股	永旺	UNY 全家控股
14.4%	2.9%	8.1%	4.4%

由表可知，唐吉诃德的库存率为14.4%，大幅超过其他三家公司。请注意，这是库存率，而不是利润率。唐吉诃德的确在盈利，但积压了大量库存。

为了盈利而大量陈列可能赚钱的商品，当然就会有商品卖不出去。卖出去的商品赚了钱，卖不出去的商品就成了库存积压。这个问题并不难理解。

前辈们为解决库存积压问题做出了积极的努力。办法之一就是汽车制造业的准时制（Just in Time，简称JIT）生产方式①。

JIT指的是把必要的零部件，以必要的数量在必要的时间送到生产线。各大汽车生产商采用JIT后实现了库存压缩。汽车零部件数量因组装形式而异。燃油车和电动车的零部件数量也不尽相同。总的来说一辆汽车需要3万个以上的零部件。如果没有相应的库存量，汽车生产将难以为继。

有时JIT的零部件供应链会因配送的问题而被打断。汽车行业找到的解决办法是供应商管理库存（Vendor Managed Inventory，简称VMI）。零部件供应商在汽车生产商的工厂附近开设仓库，以确保准时准量地把零部件送上生产线。由此可

---

① 准时制生产方式又称无库存、零库存生产方式，由日本丰田汽车公司发明。

见，汽车行业为削减中间库存付出了巨大努力。

7-ELEVEn便利店平均每天要接收9次供货。如此频繁的供货除了为保证商品（食品）的鲜度和质量外，更根本的原因是便利店不持有库存。

另一方面，唐吉诃德由于压缩陈列的关系，必须大量陈列商品，所以库存不可能为零。压缩陈列是唐吉诃德的强项，但在开设其他类型的店铺时，库存问题可能会成为风险因素。

❖ 担忧②-1　应对数字化

目前，零售企业正在为提高销售额而采取各种各样的数字化措施。美国的某家具店在社交网络Facebook上开设账号，接受会员注册，获取并分析消费者的脸部照片。顾客来店时，摄像头捕捉到顾客头像后，对比数据库即可知道顾客的姓名。家具店还可以分析顾客的生活环境等信息，运用大数据预测该顾客今后的需求。

此外，目前还出现了运用物联网（Internet of Things，简称IoT）革新供应链的尝试。物联网就是在商品上嵌入传感器和软件等技术，通过互联网与其他设备连接。例如，一直以来食品和电器产品的回收工作极其费时费力。如果把食品包装、电器产品连接到互联网，就能知道食品的消耗量和电器产品的使用情况。

通过管理物品的使用情况，能够掌握家庭日用品的消耗程度等信息。由此就诞生了自动补充商品的商机。冰箱连接互联网后，零售店或生产商就能对消费者进行提案，例如"您家的牛奶不够了，我们立即为您配送""为您配送一盒鲜鸡蛋"等。整个供应链将从需求侧，而不是供给侧进行重新整合。

掌握了各电器的使用状况，就能确定哪些是无用的功能。如此一来，在设计新商品时就能排除无用的功能，有望压缩生产成本。随着创意的接连诞生，物联网的用途将日益广泛。

唐吉诃德通过低价销售食品吸引顾客前往非食品楼层消费。如果网络企业成为食品市场的霸主，唐吉诃德将何去何从？如果现在来店消费的家庭主妇客层改从网上购物，那么她们来唐吉诃德的频率可能会下降。

唐吉诃德承认在 IT 技术应用方面处于落后地位。在配送网络不完善的地区，家庭主妇的日常购物不可能只依赖网络。然而，即便不是马上着手，各电商平台今后也必然要升级食品和日用品的配送方式。届时唐吉诃德将持续面临如何吸引顾客来实体店购物的问题。

❖ **担忧②-2　店员的机器人化**

　　现在许多零售企业都在尝试用机器人代替店员。如果店员都变成了机器人，会是什么样呢？机器人充当店员具有不会疲劳和掌握商品知识的优点。机器人还有硬盘记忆，不会忘记信息。与人类不同，机器人不会有精神压力，能始终对顾客笑脸相迎。

　　机器人似乎还能带来意想不到的次生效果，使顾客"受益"。面对机器人店员，顾客可以粗暴地说话。这并不是说顾客可以通过对机器人说粗话来释放自己的压力。其意思是顾客可以对机器人直话直说，不必客气。在与机器人交流时，顾客随时可以转身离去，彼此不会尴尬。总而言之，顾客会因不必顾及机器人的感受而身心轻松。

　　顾客可以向机器人店员询问难以向人类店员启齿的问题。这些问题不限于成人用品卖场在何处，还包括同性之间也会觉得不好意思的体型、兴趣嗜好，等等。正因为是没有感情的机器人，才有可能从顾客那里获得他们对人类店员难以启齿的需求。

　　在唐吉诃德，顾客想要仔细询问商品信息时往往找不到店员。这在自助服务式店铺是无可奈何的事。今后随着客层的老龄化，店铺该如何对待那些想要了解商品信息的顾客？采取无视的态度，这或许也是一个选择，但唐吉诃德如何应对这个问题令我关切。

❖ 担忧②-3 人工智能的进化

今后店铺可能使用人工智能技术查找货架上的空缺商品，发现虽未过期但已变质的商品。以 Amazon Go 为代表，现在已经出现了没有收银台，使用人工智能技术结账的店铺。如果进一步升级技术，人工智能还能分析顾客的动线。

迄今为止的顾客动线分析依靠的是店铺方面的经验知识和直觉。如果运用人工智能进行分析，就可以知道走过哪条动线的顾客消费的最多，以及如何设置店内器材才能诱导顾客走上这条动线。什么样的货架分配方案最能卖出商品，货架应该设置在什么位置，这些问题也能用人工智能找到答案。

此外，顾客拿取商品后为什么又放回货架？是因为看到了价格，还是因为看到了食品的成分说明？用人工智能分析出顾客放弃购买的原因，就能够给商品企划和市场营销提供重要的启发。

正如之前所介绍的那样，唐吉诃德正在采取非常有意思的措施，试图与人工智能技术相抗衡。现阶段的人工智能技术是根据过去的业绩数据找出最佳答案，远远达不到在不合理店铺的应用水平。

然而，即便是看上去不合理的店铺，其组织和业务框架也必须是合理的。唐吉诃德也准备采用刷脸认证系统。由此可见，正如其承认的那样，唐吉诃德在众多领域都处于落后状态。现阶段唐吉诃德店铺的不合理性仍是其优势。如果有零售企业运用人工智能技术复制出唐吉诃德的店铺设计，结果会怎样？在与数字化的竞争中，唐吉诃德能否利用其不合理性继续保持业绩领先，这值得关注与期待。

❖ 担忧③　顾客主义能否在扩张中渗透到员工中

我因工作关系到全国各地出差时，都要去唐吉诃德的店铺看一看。在店里看到一些店员的待客态度恶劣，令我有所介怀。虽然大多数店员的态度没有问题，但偶尔会有店员令我感到"不可理喻"。

有一次我在唐吉诃德的某家店铺付款时告诉收银店员，二层的蜂鸣器响了。女店员不耐烦地说："哦，是吗？"我原本以为她会急切地做出反应，道谢或道歉，最起码会显露出吃惊的表情。结果吃惊的反而是我自己。我再次提醒道:"最好赶快把蜂鸣器关掉。"女店员带着冷漠的目光回答:"是吗?"

我一直教育自己公司的员工,如果有顾客指出我方的失误或不周之处,我方必须有礼貌地道谢并奉上谢礼。在唐吉诃德遭遇的那一幕令我担忧,随着企业规模的扩大,创始人安田隆夫的理念是否能在全体员工中得到有效灌输。

在唐吉诃德的另一家店铺,因为孩子弱小没有力气爬楼梯,我向店员询问有没有自动扶梯。店员说:"在那边。"我再问:"那边是哪边?"对方答道:"往那边走就知道了。"在问答的过程中,店员完全没有看我一眼。我在意的并不是店员没有使用敬语。那一刻我想到的问题是:这难道就是讲究待客之道的唐吉诃德的态度吗?

再举一个例子。我和孩子在某家唐吉诃德店铺等电梯。电梯来了后走出来一位店员。通常情况下店员应该把住电梯门,等顾客进去。这位店员却毫不在意地离开了。甚至,电梯中竟然堆满了垃圾。我曾在制造业企业工作过,受到的教育是一旦发现工作现场有垃圾就必须捡起来。身处垃圾之中,顾客会作何感想?

待客的重要性今后也不会改变。待客是与顾客接触的"真实的一瞬间",是了解顾客真正需求的最佳机会。把顾客的声音反馈给店铺，这原本应该是唐吉诃德的强项。

在唐吉诃德对外公布的资料中，当然强调了每名员工的重要性。唐吉诃德的员工教育制度很完备，这也是事实。我带孩子去唐吉诃德的店铺时，也遇到过满面笑容地挥手打招呼和耐心告知商品陈列场所的店员。待客态度不佳的店员会破坏顾客对唐吉诃德的良好印象。我不得不怀疑，安田隆夫的理念是否真正渗透到了员工心中。

我的立场是店铺与顾客是平等的。顾客也应该遵守社会常识，有礼貌地对待店员。然而，在上述个人遭遇中，唐吉诃德让我产生了店大欺客的感觉。

我始终认为，只有以诚挚态度对待顾客的那一刻，才是零售业真实的一瞬间。唐吉诃德今后是否也能贯彻顾客主义持续发挥其魅力，让我们拭目以待。

后　记

　　成功者会通俗易懂地讲述其成功的关键因素。但是，光有关键因素不可能取得成功。所谓关键因素，其内容是抽象且肤浅的。成功有一半要靠运气。在运气之外，要经过无数次的试错才能走向成功。

　　我的运气很好，从公司辞职并独立创业后不久就获得了许多作为解说嘉宾参加电视等媒体节目的机会。在电视节目中担任解说嘉宾时，我被要求用通俗易懂的语言说明简单的成功因素。为了回应媒体的要求，我始终注意尽量使解说简洁明了。

　　然而，我心中知道自己解说的内容是虚假的，成功因素不可能都那么简单。唐吉诃德也有许多离职人员。这些人利用在唐吉诃德学到的知识就能打造出最高水平的零售店吗？当然不可能。成功需要无数的因素，无数的苦功夫，外加运气。"只要做到这一点就能成功"，如此简单的成功法则并不存在。

　　我在这本书中描述了自己思考出来的唐吉诃德的成功因素。除了那些具有代表性的因素之外，唐吉诃德还经历了无数次的试错。这一点是不能忘记的。我时常纠结的是，虽然把代表性的因素说出来比不说要好，但这些因素并不是事情的全部。这恰恰体现了经营一个企业的难度和乐趣。

❖ 寻找经营答案的苦与乐

我还记得自己作为新手咨询师迈出人生新阶段时饱受的艰辛。为什么这家司发展得不顺利？为什么那家公司陷入困境？自己不断地提出假设，"这么做肯定能成功"，坚信在试错的尽头会看到客户取得荣耀。如果不这么想，工作就坚持不下去。

最初找不到解决方案，绞尽脑汁后终于想出了改善办法。我觉得无限的未来在前方闪烁，未来属于自己！然而，我想出的解决方案几乎全都没有用。因此，直到现在我仍带着幼稚的情感，不愿就什么是简单的成功因素做出论断。

为他人提供咨询是孤独的行为。客户要求提高销售额或削减成本，我作为咨询师必须给出某种答案。与此同时还要思考自己能为客户做什么。40岁左右的我无从求助，在纷乱的情绪波动中，只能依靠自己的脑力和体力为客户企业寻找转机。

企业的情况远比从外部看到的要复杂得多，企业内部存在派系倾轧和权力斗争，以及因人事安排而产生的纠纷。咨询师

后 记

涉足其中并指出问题，即便不受待见也要促使企业采取改善措施。

而且，现在许多日本企业已创立多年，不少创始人已不在人世。一些企业丧失了创业阶段的理念和某种紧张感，即便知道必须改变，也几乎没人愿意去革新现有的业务。

我不相信宿命论和宗教。但如果用宗教性的说法来表述，那就是为了给松懈的企业文化注入紧张感，需要定期对其进行口诛笔伐。当一个公司提供的产品或服务达不到顾客期待的水平时，就要受到口诛笔伐。当一个公司背离了当初的理念时，口诛笔伐能起到令其头脑清醒的作用。

当遭到指责和抨击时，哪怕企业觉得受到了不合理的对待，只要把这种境遇当作能使自身变强的考验，其组织就有望得到改善。企业的成长不会一帆风顺，要相信只有走过曲折坎坷的必由之路企业才能变强。我是这么认为的。

企业及其商品可分为导入期、成长期、成熟期和衰退期。这四个阶段可用春夏秋冬四季来对应。入秋后如何表现，将决定企业是重返成长期的暖春还是走向衰退的寒冬。受到口诛笔伐意味着企业已步入成熟期，处在停滞的秋季，同时必须思考未来的发展之路。只有认识到自身已经成熟，才能从口诛笔伐中学到教训，抵达通往下一步的蜕变点。

秋季的寥落中隐藏着走向新生的途径。正因如此，日本人以秋为美。2004年，唐吉诃德连续遭遇火灾。当时有一部分舆论指责压缩陈列导致了火灾，仿佛责任完全在唐吉诃德一方。唐吉诃德接受了指责，之后一直致力于建设更安全的店铺。

从这个意义上说，我在本书最后一章中罗列的对唐吉诃德的怨言，也不过是为其实现新的飞跃而进行的激励。虽然亲身体验了唐吉诃德店员对待客人的恶劣态度，但我无意吹毛求疵。在我自己的公司，也可能发生因员工态度不佳而伤害客户感情的事。考虑到企业只有接受批评才能持续发展，我出于鼓励的目的而写下了对唐吉诃德的不满。为使唐吉诃德能成为更舒心、更富有乐趣的店铺，我愿以提出意见的方式尽绵薄之力。

❖ 合理与不合理

我想通过这本书说明的是，唐吉诃德正在用不合理性与合理性作斗争。面对合理的世界，唐吉诃德亮出的武器是不合理的"购物的喜悦"。从压缩陈列就能看出，唐吉诃德的店铺让消费者搞不懂，但是能激发愉快的冲动。

后 记

　　在欧美企业以彻底的合理主义开展经营时，日本企业只有从不合理的创意中才能找到获胜的希望和商机。这是我想要表达的。当然，仅依靠不合理性是没有意义的。如果不合理的措施不能吸引顾客，则一切都无从谈起。

　　如何才能打造吸引顾客的卖场？因为不知道答案，所以只能先进行试错。经过无数次试错之后，唐吉诃德凭借其独有的快速行动力打造出了有魅力的卖场。这也是前面讲述的单店主义背后的支撑。

　　"总而言之先做起来试试，不行就改。"这就是唐吉诃德多动的行动主义。支持其超高行动力的是各式各样的信息工具。唐吉诃德的成功源自超强的行动力和计划、执行、检查、处理（PDCA）[①]的高效循环机制。

　　唐吉诃德用庞大的财力和人才力量构建起了现有的经营体制。未来支持其发展的是否仍是行动力和相应的机制呢？这个问题的答案只能是"在实践的过程中由时代去证明"。

　　请允许我在这里插叙一些私事。

　　我有两个年龄尚小的孩子。他们能熟练地操作游戏，编写

[①] PDCA：P（Plan）计划，D（Do）执行，C（Check）检查，A（Act）处理。PDCA循环又叫质量环，是管理学中的一个通用模型，最早由休哈特（Walter A. Shewhart）于1930年构想，之后被美国质量管理专家戴明（Edwards Deming）博士推广普及。它是全面质量管理所应遵循的科学程序。全面质量管理活动的整个过程就是按照PDCA循环，周而复始，永不终结。

简单的软件程序并把成果汇报给我。我在工作中自己动手编程和处理统计数据。孩子们的编程水平不如我，因此他们总会提出许多问题。

面对孩子们的提问，我忍不住告诉他们："你们的水平和爸爸几乎没有差距。"和老一代人相比，新一代人能更容易地汲取知识和经验。我辛辛苦苦掌握的编程技术，如今孩子们只要愿意就能免费从 YouTube 上学到。因为目前我能工作赚钱，才得以在孩子面前维持做父亲的尊严。

我知道自己作为父亲能教给孩子们的并不多。在当今这个能够轻易学习到知识的时代，身为年长者几乎没有什么优势。想要了解什么，上网搜索学习基本上就足够了。在这个时代讲述过去的教训又有什么意义呢？

我认为，在零售业被奉为匠人手艺的货架分配和商品陈列技术如今已不能算作知识。如果某家零售企业对外公开商品的陈列场所和销售额数据，小学生也许马上就能理解最佳货架分配方案。

对压缩陈列也可以进行试验，模拟店铺和顾客的情况，找出能使销售额最大化的不合理的商品陈列方式。被认为不合理的陈列方式中或许也包含着合理性。预计用不合理性进行战斗的唐吉诃德，今后也将始终如一地追求无法数据化的不合理的

后　记

经营方式。

这或许是一场没有把握获胜的战斗。然而，正因为对胜利没有把握，唐吉诃德才配得上其店名的原意。

夸张地说，相比于把合理经营做到极致的亚马逊，我个人更愿意支持贯彻不合理性的唐吉诃德。我将把唐吉诃德作为日本零售业所能达到的极限加以观察。

如果"合理与不合理"这样大胆的二元对立能被接受，那么只有站在对立轴上才能描绘出零售业的蓝图。

参考文献

《2035年的世界》高城刚　著　PHP研究所2014年11月

《时间资本主义的到来》松冈真宏　著　草思社2014年11月

《快递消失的那一天》松冈真宏、山手刚人　著　日本经济新闻出版社2017年6月

《流动人口》黑川纪章　著　中央公论社1969年10月

《店铺布局》渥美俊一　著　实务教育出版2003年11月

《连锁店的管理》渥美俊一　著　实务教育出版　2003年3月

《一代甩卖王》安田隆夫　著　文艺春秋　2015年11月

《热情商人》安田隆夫　著、月泉博　编著　商业界2013年3月

《唐吉诃德的"四次元"营业》安田隆夫　著　广美出版事业部2000年5月

《PR视角的入境旅游消费市场战略》　电通公共关系、郑

燕、可越 著 宣传会议 2016 年 11 月

《销售力》铃木敏文著 文艺春秋 2013 年 10 月

《现代零售流通》(第 2 版)悬田丰、住谷宏 编著 中央经济社 2016 年 10 月

《卖场的教科书》福田 hirohide 著 昴舍 2010 年 9 月

《陈列的教科书》铃木 atsushi 著 昴舍 2010 年 5 月

《旺店必须遵守的商品陈列最强规则》深泽泰秀 著 Natsume 社 2012 年 7 月

《旺店必须遵守的 POP 广告最强规则》沼泽拓也 著 Natsume 社 2012 年 3 月

《图解商品构成》小松崎雅晴 著 商业界 2010 年 6 月

《盈利卖场的全部技巧》前田辉久 著 KANKI 出版 2016 年 7 月

《入境旅游消费市场战略》中村好明 著 时事通信社 2014 年 10 月

《能使店铺盈利的灯光创意与功夫》中岛龙兴 著 日本实业出版社 2008 年 10 月

《21 世纪的消费》间间田孝夫 著 密涅瓦书房 2016 年 2 月

《消费社会的前途》间间田孝夫 著 有斐阁 2005 年

12 月

《工作理论》Clayton·M. Christensen 等 著 Harper Collins Japan 2017 年 8 月

《入境旅游消费圣地 50 选》伊藤雅雄 著 Kyohan Books 2015 年 10 月

《卖场的科学》渡边隆之 著 芙蓉书房出版 2014 年 11 月

《商城化的都市与社会》若林干夫 编著 NTT 出版 2013 年 10 月

《零售业的业态革新》石井淳藏、向山雅夫 编著 中央经济社 2009 年 7 月

《零售企业的基础强化》高岛克义 著 有斐阁 2015 年 9 月

《用深夜营业盈利》Adoyu 企划编辑室 著 eru 出版社 1999 年 10 月

《从商城开始思考》东浩纪、大山显著 幻冬舍 2016 年 1 月

《商城的社会史》齐藤彻 著 彩流社 2017 年 3 月

《激流》国际商业出版 2017 年 12 月期

《激流》国际商业出版 2013 年 6 月期

223

《激流》国际商业出版 2012 年 4 月期

《激流》国际商业出版 2007 年 12 月期

《钻石周刊》钻石社 2018 年 7 月 14 日期

《钻石周刊》钻石社 2014 年 5 月 31 日期

《钻石周刊》钻石社 2000 年 1 月 22 日期

《连锁店时代》钻石·弗里德曼公司　2013 年 5 月 15 日期

《商业界》商业界 1999 年 1 月期

《销售革新》商业界 2016 年 8 月期

《销售革新》商业界 2014 年 4 月期

《便利店月刊》商业界 2018 年 7 月期

《钻石·连锁店》钻石·零售媒体 2016 年 12 月 1 日期

《日本经济新闻》（东京）2018 年 8 月 14 日早刊

《日本经济新闻》（东京）2016 年 2 月 19 日早刊

《日本产业新闻》（东京）2015 年 9 月 5 日早刊

《日经商务周刊》日经 BP 社 2018 年 3 月 5 日期

《日经商务周刊》日经 BP 社 2018 年 1 月 8 日期

《日经商务周刊》日经 BP 社 2017 年 9 月 4 日期

《日经商务周刊》日经 BP 社 2013 年 2 月 18 日期

《日经商务协会》日经 BP 社 2016 年 6 月期

《日经 MJ》2018 年 3 月 5 日期

《日经信息战略》日经 BP 社 2015 年 11 月期

《日经信息战略》日经 BP 社 2015 年 8 月期

《关于日本非制造业生产效率低迷的一项考察》株式会社日本政策投资银行

《关于提高流通业生产效率等的调查报告书》株式会社野村综合研究所

译后感

去日本旅游过的中国读者应该对"巨便宜殿堂"唐吉诃德不陌生。截至 2021 年 8 月，这家曾被视为二流杂货店的企业自 1989 年创立以来连续 32 年实现增收增益，如今已是能和永旺、7&i 控股相提并论的零售业巨头。

我本人在东京居住多年，家附近就有一家唐吉诃德的店铺，经常去那里购买一些零食。虽然新冠肺炎疫情期间看不到往日成群结队的中国游客了，但店内仍是相当繁忙。我有时也感到好奇，唐吉诃德成功的秘诀究竟是什么。

本书基本上满足了我的好奇心。在翻译的过程中，我了解到了唐吉诃德的发家简史、日本零售业的发展历程、目前所处的困境以及今后将面对的课题。

本书作者坂口孝则是一位采购咨询师兼作家、经营评论家，经常在电视节目中担任解说嘉宾。或许是作者擅长演讲的缘故，本书的行文非常口语化。作者思维活跃，喜欢在论述中插叙个人经验以增强说服力。尤其是在介绍负面事例时，例如对唐吉诃德店员待客态度不佳的指摘，书中的描写令我颇有同感。

我印象较深的是书中对日本零售业曾经的领军人物大荣公司创始人中内功的介绍。作者不吝溢美之词，称中内功是"追求社会主义的人杰"，对当今日本企业界缺乏中内功式的有思想、有战斗力的人物感到惋惜。

如果说中内功是理想主义者，那么唐吉诃德的创始人安田隆夫就是彻底的现实主义商人。安田隆夫在顶尖学府庆应义塾大学读书时靠自己打工维持生计，对当时声势浩大的左翼学生运动报以冷眼，嗤之以鼻。中内功领导下的大荣最终因盲目扩大业务而跌下王座，破产后被永旺收购。而从小杂货铺起家的唐吉诃德则一路高歌猛进，势不可当。如果把大荣的没落看作二战后日本经济从复苏到高度增长，进而陷入停滞乃至衰退的一个象征，那么唐吉诃德连续32年实现增收增益又意味着什么呢？能启发我对这个问题的思考，我要对本书作者表示感谢。

我对唐吉诃德店铺的印象可以用一个词——"粗糙"来概括。商品的陈列、POP广告的文案、店员的待客态度、广告视频的内容等，无一不散发着粗糙的气息。与高大上相对立的粗糙，与精致不沾边的粗糙。不知这个比喻是否恰当，在我

译后感

看来唐吉诃德简直就是日本版的线下拼多多。粗糙不是粗鄙，是直截了当、偶尔带着黑色幽默地标榜商品庞杂和价格便宜，是对杂货铺DNA的顽固且骄傲的继承。

当下日本经济面临的一大问题是人口的减少和老龄化。单身家庭户数的增加虽然使便利店生意繁荣，但严重拖累了百货店和超市的业绩。长期保持盈利的唐吉诃德显然没有受到这一问题的影响。

书中总结了唐吉诃德之所以取得成功的7个关键因素，其中包括压缩陈列、深夜营业、对一线放权、顾客主义、营造特异空间氛围等。压缩陈列可以说是唐吉诃德的看家本领，最大限度地利用卖场空间陈列堆放商品，在诱导顾客消费的同时营造出寻宝的氛围。使顾客产生对未知收获的期待感和发现中意商品后的满足感，这是唐吉诃德在商品之外提供的体验价值，即娱乐价值。

书中提出了一个新颖的观点，那就是唐吉诃德未来的竞争对手不是零售业内的同行，而是环球影城和迪士尼乐园。"通常在人们的心目中，可替代唐吉诃德提供服务的应该是百货店或超市。现实情况却是百货店和超市处于依赖唐吉诃德的状态""唐吉诃德想要打造的不是销售物品的零售店，而是销售休闲娱乐的时间和体验的店铺。因此，作为游乐园的日本环球影城有可能对唐吉诃德构成威胁"。

  日本在几十年前就有了从"物"的消费向重视服务和体验的"事"的消费转型的说法。更简单地说就是从满足物质需求转为满足精神需求。中国游客在日本购物的方式变化也符合这一趋势。早期那些跟团赴日旅游的中国游客大量购买家电产品和名牌服装,出手之豪阔招来了"爆买"的名头。仅仅两三年后,中国游客在日本的消费内容便出现了变化。"爆买"降温,游客的购物清单上开始出现越来越多的文具、动漫周边等商品。游客特别是背包客的购物地点也从东京的银座、新宿和大阪的御堂筋等热门旅游景点向小众地区扩散。总而言之,中国游客在日本的购物行为更加理性和多样化。作为日本零售业的另类,从商品构成到广告宣传都富有强烈个性色彩的唐吉诃德自然会受到中国游客的欢迎。

  书中指出,唐吉诃德在 IT 技术应用方面处于落后地位。目前日本的各大便利店均支持微信支付和支付宝,但唐吉诃德的店铺尚未能完全做到这一点。我在家附近的唐吉诃德店铺购物时每每对此感到不可思议。虽然不知道全球新冠肺炎疫情何时能够结束,但预计一旦日本重新开放入境旅游,大量的中国游客将涌入进行报复性消费。希望届时唐吉诃德能做好应对措施。

译后感

　　本书作者最后总结道，在以亚马逊为代表的欧美企业用彻底的合理主义开展经营时，日本企业只有从不合理的创意中才能找到获胜的希望和商机。这里的不合理有着打破陈规、敢为人先、勇于与主流观念背道而驰的意思。书中称赞"唐吉诃德正在用不合理性与合理性作斗争"，无愧于其店名所代表的挑战精神，是日本零售业所能达到的极限。这一评价是否中肯姑且不论，我本人很想亲眼看看唐吉诃德到底能走多远。

关于"服务的细节丛书"介绍：

东方出版社从 2012 年开始关注餐饮、零售、酒店业等服务行业的升级转型，为此从日本陆续引进了一套"服务的细节"丛书，是东方出版社"双百工程"出版战略之一，专门为中国服务业产业升级、转型提供思想武器。

所谓"双百工程"，是指东方出版社计划用 5 年时间，陆续从日本引进并出版在制造行业独领风骚、服务业有口皆碑的系列书籍各 100 种，以服务中国的经济转型升级。我们命名为"精益制造"和"服务的细节"两大系列。

我们的出版愿景："通过东方出版社'双百工程'的陆续出版，哪怕我们学到日本经验的一半，中国产业实力都会大大增强！"

到目前为止"服务的细节"系列已经出版 125 本，涵盖零售业、餐饮业、酒店业、医疗服务业、服装业等。

更多酒店业书籍请扫二维码

了解餐饮业书籍请扫二维码

了解零售业书籍请扫二维码

"服务的细节"系列

书 名	ISBN	定 价
服务的细节：卖得好的陈列	978-7-5060-4248-2	26元
服务的细节：为何顾客会在店里生气	978-7-5060-4249-9	26元
服务的细节：完全餐饮店	978-7-5060-4270-3	32元
服务的细节：完全商品陈列115例	978-7-5060-4302-1	30元
服务的细节：让顾客爱上店铺1——东急手创馆	978-7-5060-4408-0	29元
服务的细节：如何让顾客的不满产生利润	978-7-5060-4620-6	29元
服务的细节：新川服务圣经	978-7-5060-4613-8	23元
服务的细节：让顾客爱上店铺2——三宅一生	978-7-5060-4888-0	28元
服务的细节009：摸过顾客的脚，才能卖对鞋	978-7-5060-6494-1	22元
服务的细节010：繁荣店的问卷调查术	978-7-5060-6580-1	26元
服务的细节011：菜鸟餐饮店30天繁荣记	978-7-5060-6593-1	28元
服务的细节012：最勾引顾客的招牌	978-7-5060-6592-4	36元
服务的细节013：会切西红柿，就能做餐饮	978-7-5060-6812-3	28元
服务的细节014：制造型零售业——7-ELEVEn的服务升级	978-7-5060-6995-3	38元
服务的细节015：店铺防盗	978-7-5060-7148-2	28元
服务的细节016：中小企业自媒体集客术	978-7-5060-7207-6	36元
服务的细节017：敢挑选顾客的店铺才能赚钱	978-7-5060-7213-7	32元
服务的细节018：餐饮店投诉应对术	978-7-5060-7530-5	28元
服务的细节019：大数据时代的社区小店	978-7-5060-7734-7	28元
服务的细节020：线下体验店	978-7-5060-7751-4	32元
服务的细节021：医患纠纷解决术	978-7-5060-7757-6	38元
服务的细节022：迪士尼店长心法	978-7-5060-7818-4	28元
服务的细节023：女装经营圣经	978-7-5060-7996-9	36元
服务的细节024：医师接诊艺术	978-7-5060-8156-6	36元
服务的细节025：超人气餐饮店促销大全	978-7-5060-8221-1	46.8元

书　名	ISBN	定　价
服务的细节026：服务的初心	978-7-5060-8219-8	39.8元
服务的细节027：最强导购成交术	978-7-5060-8220-4	36元
服务的细节028：帝国酒店　恰到好处的服务	978-7-5060-8228-0	33元
服务的细节029：餐饮店长如何带队伍	978-7-5060-8239-6	36元
服务的细节030：漫画餐饮店经营	978-7-5060-8401-7	36元
服务的细节031：店铺服务体验师报告	978-7-5060-8393-5	38元
服务的细节032：餐饮店超低风险运营策略	978-7-5060-8372-0	42元
服务的细节033：零售现场力	978-7-5060-8502-1	38元
服务的细节034：别人家的店为什么卖得好	978-7-5060-8669-1	38元
服务的细节035：顶级销售员做单训练	978-7-5060-8889-3	38元
服务的细节036：店长手绘　POP引流术	978-7-5060-8888-6	39.8元
服务的细节037：不懂大数据，怎么做餐饮？	978-7-5060-9026-1	38元
服务的细节038：零售店长就该这么干	978-7-5060-9049-0	38元
服务的细节039：生鲜超市工作手册蔬果篇	978-7-5060-9050-6	38元
服务的细节040：生鲜超市工作手册肉禽篇	978-7-5060-9051-3	38元
服务的细节041：生鲜超市工作手册水产篇	978-7-5060-9054-4	38元
服务的细节042：生鲜超市工作手册日配篇	978-7-5060-9052-0	38元
服务的细节043：生鲜超市工作手册之副食调料篇	978-7-5060-9056-8	48元
服务的细节044：生鲜超市工作手册之POP篇	978-7-5060-9055-1	38元
服务的细节045：日本新干线7分钟清扫奇迹	978-7-5060-9149-7	39.8元
服务的细节046：像顾客一样思考	978-7-5060-9223-4	38元
服务的细节047：好服务是设计出来的	978-7-5060-9222-7	38元
服务的细节048：让头回客成为回头客	978-7-5060-9221-0	38元
服务的细节049：餐饮连锁这样做	978-7-5060-9224-1	39元
服务的细节050：养老院长的12堂管理辅导课	978-7-5060-9241-8	39.8元
服务的细节051：大数据时代的医疗革命	978-7-5060-9242-5	38元
服务的细节052：如何战胜竞争店	978-7-5060-9243-2	38元
服务的细节053：这样打造一流卖场	978-7-5060-9336-1	38元
服务的细节054：店长促销烦恼急救箱	978-7-5060-9335-4	38元

书 名	ISBN	定 价
服务的细节055：餐饮店爆品打造与集客法则	978-7-5060-9512-9	58元
服务的细节056：赚钱美发店的经营学问	978-7-5060-9506-8	52元
服务的细节057：新零售全渠道战略	978-7-5060-9527-3	48元
服务的细节058：良医有道：成为好医生的100个指路牌	978-7-5060-9565-5	58元
服务的细节059：口腔诊所经营88法则	978-7-5060-9837-3	45元
服务的细节060：来自2万名店长的餐饮投诉应对术	978-7-5060-9455-9	48元
服务的细节061：超市经营数据分析、管理指南	978-7-5060-9990-5	60元
服务的细节062：超市管理者现场工作指南	978-7-5207-0002-3	60元
服务的细节063：超市投诉现场应对指南	978-7-5060-9991-2	60元
服务的细节064：超市现场陈列与展示指南	978-7-5207-0474-8	60元
服务的细节065：向日本超市店长学习合法经营之道	978-7-5207-0596-7	78元
服务的细节066：让食品网店销售额增加10倍的技巧	978-7-5207-0283-6	68元
服务的细节067：让顾客不请自来！卖场打造84法则	978-7-5207-0279-9	68元
服务的细节068：有趣就畅销！商品陈列99法则	978-7-5207-0293-5	68元
服务的细节069：成为区域旺店第一步——竞争店调查	978-7-5207-0278-2	68元
服务的细节070：餐饮店如何打造获利菜单	978-7-5207-0284-3	68元
服务的细节071：日本家具家居零售巨头NITORI的成功五原则	978-7-5207-0294-2	58元
服务的细节072：咖啡店卖的并不是咖啡	978-7-5207-0475-5	68元
服务的细节073：革新餐饮业态：胡椒厨房创始人的突破之道	978-7-5060-8898-5	58元
服务的细节074：餐饮店简单改换门面，就能增加新顾客	978-7-5207-0492-2	68元
服务的细节075：让POP会讲故事，商品就能卖得好	978-7-5060-8980-7	68元

书　名	ISBN	定　价
服务的细节076：经营自有品牌	978-7-5207-0591-2	78元
服务的细节077：卖场数据化经营	978-7-5207-0593-6	58元
服务的细节078：超市店长工作术	978-7-5207-0592-9	58元
服务的细节079：习惯购买的力量	978-7-5207-0684-1	68元
服务的细节080：7-ELEVEn的订货力	978-7-5207-0683-4	58元
服务的细节081：与零售巨头亚马逊共生	978-7-5207-0682-7	58元
服务的细节082：下一代零售连锁的7个经营思路	978-7-5207-0681-0	68元
服务的细节083：唤起感动	978-7-5207-0680-3	58元
服务的细节084：7-ELEVEn物流秘籍	978-7-5207-0894-4	68元
服务的细节085：价格坚挺，精品超市的经营秘诀	978-7-5207-0895-1	58元
服务的细节086：超市转型：做顾客的饮食生活规划师	978-7-5207-0896-8	68元
服务的细节087：连锁店商品开发	978-7-5207-1062-6	68元
服务的细节088：顾客爱吃才畅销	978-7-5207-1057-2	58元
服务的细节089：便利店差异化经营——罗森	978-7-5207-1163-0	68元
服务的细节090：餐饮营销1：创造回头客的35个开关	978-7-5207-1259-0	68元
服务的细节091：餐饮营销2：让顾客口口相传的35个开关	978-7-5207-1260-6	68元
服务的细节092：餐饮营销3：让顾客感动的小餐饮店"纪念日营销"	978-7-5207-1261-3	68元
服务的细节093：餐饮营销4：打造顾客支持型餐饮店7步骤	978-7-5207-1262-0	68元
服务的细节094：餐饮营销5：让餐饮店坐满女顾客的色彩营销	978-7-5207-1263-7	68元
服务的细节095：餐饮创业实战1：来，开家小小餐饮店	978-7-5207-0127-3	68元
服务的细节096：餐饮创业实战2：小投资、低风险开店开业教科书	978-7-5207-0164-8	88元

书 名	ISBN	定 价
服务的细节097：餐饮创业实战3：人气旺店是这样做成的！	978-7-5207-0126-6	68元
服务的细节098：餐饮创业实战4：三个菜品就能打造一家旺店	978-7-5207-0165-5	68元
服务的细节099：餐饮创业实战5：做好"外卖"更赚钱	978-7-5207-0166-2	68元
服务的细节100：餐饮创业实战6：喜气的店客常来，快乐的人福必至	978-7-5207-0167-9	68元
服务的细节101：丽思卡尔顿酒店的不传之秘：超越服务的瞬间	978-7-5207-1543-0	58元
服务的细节102：丽思卡尔顿酒店的不传之秘：纽带诞生的瞬间	978-7-5207-1545-4	58元
服务的细节103：丽思卡尔顿酒店的不传之秘：抓住人心的服务实践手册	978-7-5207-1546-1	58元
服务的细节104：廉价王：我的"唐吉诃德"人生	978-7-5207-1704-5	68元
服务的细节105：7-ELEVEn一号店:生意兴隆的秘密	978-7-5207-1705-2	58元
服务的细节106：餐饮连锁如何快速扩张	978-7-5207-1870-7	58元
服务的细节107：不倒闭的餐饮店	978-7-5207-1868-4	58元
服务的细节108：不可战胜的夫妻店	978-7-5207-1869-1	68元
服务的细节109：餐饮旺店就是这样"设计"出来的	978-7-5207-2126-4	68元
服务的细节110：优秀餐饮店长的11堂必修课	978-7-5207-2369-5	58元
服务的细节111：超市新常识1：有效的营销创新	978-7-5207-1841-7	58元
服务的细节112：超市的蓝海战略：创造良性赢利模式	978-7-5207-1842-4	58元
服务的细节113：超市未来生存之道：为顾客提供新价值	978-7-5207-1843-1	58元
服务的细节114：超市新常识2：激发顾客共鸣	978-7-5207-1844-8	58元
服务的细节115：如何规划超市未来	978-7-5207-1840-0	68元

书　　名	ISBN	定　价
服务的细节116：会聊天就是生产力：丽思卡尔顿的"说话课"	978-7-5207-2690-0	58元
服务的细节117：有信赖才有价值：丽思卡尔顿的"信赖课"	978-7-5207-2691-7	58元
服务的细节118：一切只与烤肉有关	978-7-5207-2838-6	48元
服务的细节119：店铺因顾客而存在	978-7-5207-2839-3	58元
服务的细节120：餐饮开店做好4件事就够	978-7-5207-2840-9	58元
服务的细节121：永旺的人事原则	978-7-5207-3013-6	59.80元
服务的细节122：自动创造价值的流程	978-7-5207-3022-8	59.80元
服务的细节123：物流改善推进法	978-7-5207-2805-8	68元

图字：01-2021-3288 号

DON・QUIJOTE DAKE GA, NAZE TSUYOI NO KA?
Copyright © 2018 by Takanori SAKAGUCHI
All rights reserved.
First original Japanese edition published by PHP Institute, Inc., Japan.
Simplified Chinese translation rights arranged with PHP Institute, Inc.
through Hanhe International (HK) Co.,Ltd.

图书在版编目（CIP）数据

顾客主义：唐吉诃德的零售设计／（日）坂口孝则 著；智乐零售研习社 译. —北京：东方出版社，2023.6
（服务的细节；124）
ISBN 978-7-5207-3400-4

Ⅰ. ①顾⋯　Ⅱ. ①坂⋯ ②智⋯　Ⅲ. ①零售商店—经营管理—经验—日本
Ⅳ. ①F733.131.7

中国国家版本馆 CIP 数据核字（2023）第 062560 号

服务的细节 124：顾客主义：唐吉诃德的零售设计
(FUWU DE XIJIE 124: GUKE ZHUYI: TANGJIHEDE DE LINGSHOU SHEJI)

作　　者：[日] 坂口孝则
译　　者：智乐零售研习社
责任编辑：崔雁行　高琛倩
出　　版：东方出版社
发　　行：人民东方出版传媒有限公司
地　　址：北京市东城区朝阳门内大街 166 号
邮　　编：100010
印　　刷：北京明恒达印务有限公司
版　　次：2023 年 6 月第 1 版
印　　次：2023 年 6 月第 1 次印刷
开　　本：880 毫米×1230 毫米　1/32
印　　张：8.25
字　　数：150 千字
书　　号：ISBN 978-7-5207-3400-4
定　　价：59.80 元
发行电话：(010) 85924663　85924644　85924641

版权所有，违者必究
如有印装质量问题，我社负责调换，请拨打电话：(010) 85924602　85924603